Kelly Slater

Pelo amor

Os mestres na arte de viver fazem pouca distinção entre profissão e diversão, trabalho e lazer, mente e corpo, informação, recreação, amor e religião. Mal sabem qual é qual, simplesmente perseguem sua visão de excelência em tudo que fazem, deixando os outros decidirem se eles estão trabalhando ou se divertindo.

— James A. Michener

© 2008 by Kelly Slater
All rights reserved. First published in English by Chronicle Books LLC, San Francisco, California
1ª Edição, Editora Gaia, São Paulo 2010
2ª Reimpressão, 2019

Jefferson L. Alves – diretor editorial
Richard A. Alves – diretor de marketing
Flávio Samuel – gerente de produção
Dida Bessana – coordenadora editorial
Emerson Charles Santos e Jefferson Campos – assistentes de produção
Alessandra Biral e João Reinaldo de Paiva – assistentes editoriais
Adrian Kojin – tradução
Iara Arakaki – preparação de texto
Tatiana Y. Tanaka – revisão
Reverson R. Diniz – editoração eletrônica

Na Editora Gaia, publicamos livros que refletem nossas ideias e valores: Desenvolvimento humano / Educação e Meio ambiente / Esporte / Aventura / Fotografia / Gastronomia / Saúde / Alimentação e Literatura infantil.

Obra atualizada conforme o
NOVO ACORDO ORTOGRÁFICO DA LÍNGUA PORTUGUESA

Dados Internacionais de Catalogação na Publicação (CIP)
(Câmara Brasileira do Livro, SP, Brasil)

Slater, Kelly.
  Pelo amor / por Kelly Slater; com Phil Jarratt.; prefácio de Jack Johnson; tradução de Adrian Kojin. – São Paulo: Gaia, 2010.

  Título original: For the love.
  ISBN 978-85-7555-232-2

  1. Slater, Kelly. Surfe – Fotografias. 3. Surfistas – Biografia. I. Jarrat, Phil. II. Johnson, Jack. III. Título.

10-00431 CDD-797.3

Índices para catálogo sistemático:
  1. Surfe: Documentário fotográfico   797.32

Direitos Reservados

editora gaia ltda.
Rua Pirapitingui, 111-A – Liberdade
CEP 01508-020 – São Paulo – SP
Tel.: (11) 3277-7999
e-mail: gaia@editoragaia.com.br
www.editoragaia.com.br

Colabore com a produção científica e cultural.
Proibida a reprodução total ou parcial desta obra sem a autorização do editor.
Nº de Catálogo: **1626**

Phil Jarratt gostaria de agradecer: PT por uma boa ideia, Paul e Kiku pelo estúdio Center St, Bradburns pelo quarto extra em Bidart, Bob McKnight por apenas ter dito sim, Tim Richardson da Quiksilver, Jeff Hall da *A-frame* e Jeff Divine do *The Surfer's Journal* pelo trabalho árduo com as fotos, Harry Hodge e Bruce Raymond pelo apoio contínuo, Belly Slater por me fazer rir, Dave Resin pelo sábio aconselhamento, Terry, Noah e a equipe da Sonar, Jack Johnson, Shelby Meade, KS, é claro, Peff Eick por emprestar a prancha perfeita a um velho surfista em Cloudbreak, Sarah, Matt, Jake e a equipe da *Chronicle* pela paciência e profissionalismo, e Jackie por quase tudo o mais.

Páginas 1, 2–3:
a serviço
e a lazer,
Cloudbreak, 2005.

nesta página:
Western
Australia, 2007.

Prefácio I por	Kelly Slater	6						
Prefácio II por	Jack Johnson	11						
Introdução por	Phil Jarratt	13						

1	2	3	4	5	6	7	8	
P	P	P	P	P	P	P	P	E
E	E	E	E	E	E	E	E	P
L	L	L	L	L	L	L	L	Í
A	O	O	O	A	O	O	O	L
								O
D	D	D	P	E	S	F	A	G
I	E	I	U	S	H	A	M	O
V	S	N	R	T	O	M	O	
E	A	H	R	O	W	O	R	P
R	F	O	A	R		U	E	E
S	I		P	A	126	R		L
Ã	O	R	R	D		O	155	O
O		O	R	A	138			S
	38		A					
16		56	Z	108				F
			E					Ã
			R					S
			86					177

Prefácio Kelly Slater

No fim de 2006, eu estava viajando com meu amigo Bruce Gilbert

e tinha acabado de ganhar meu oitavo título mundial. Passáramos os dois últimos anos e um pouco mais viajando juntos para todos os cantos do globo e ele havia fotografado praticamente tudo, então pensamos em fazer um álbum de recordação com todas as nossas aventuras.

Decidimos começar combinando as fotos que ele havia tirado nesse período, coletando outras de amigos e fotógrafos que conhecemos para preencher as lacunas, e partir daí para construir a história de uma época surpreendente de nossas vidas. Nossa ideia era de fazer apenas um álbum de recordações mesmo, de verdade. Mas à medida que continuamos, a ideia se transformou em algo um pouco diferente.

Enquanto escrevo estou na Califórnia, depois de haver surfado e vencido os dois primeiros eventos do Circuito Mundial 2008 na Austrália – o Quiksilver Pro em Snappers Rocks, realizado pelo meu patrocinador há dezoito anos, e o Rip Curl Pro em Bells Beach. Tenho em mente que não irei completar um ano inteiro no *tour*, novamente me colocando numa semiaposentadoria, o que fiz por três anos após vencer meu sexto título em 1998 e me sentir totalmente saturado de viver uma vida competitiva.

Terminei em terceiro lugar no mundial do ano passado e descobri ao final (e, na realidade, durante) que não estava nem um pouco entusiasmado em competir naquilo que sempre foi meu primeiro amor. Eu sempre disse que, se não estivesse amando o que estava fazendo, simplesmente faria outra coisa. Nesta condição, com duas vitórias no bolso, com certeza me sinto bem, mas ao mesmo tempo não estou convicto do que exatamente gostaria de fazer neste momento da minha vida. Vou continuar enquanto sentir que isso é o correto, e tenho certeza de que a coisa certa irá acontecer. É bem legal já ter passado alguns anos do que muitas pessoas consideravam meu auge e ainda coletar algumas vitórias. No entanto, é um pouco difícil virar as costas para a competição quando isso ainda está acontecendo.

Acredito que a maioria de nós, surfistas, é viciada de um modo ou de outro; usamos as ondas como nossa droga. Provavelmente passei a maior parte da minha vida usando o surfe como escape das coisas nas quais não queria pensar, sentir ou lidar. Muitas vezes o surfe era a única coisa que eu queria sentir. Mesmo assim, fiquei intrigado com questões relativas à vida, morte, família, música, política, espiritualidade e a muitas outras coisas. Para mim, o surfe é a minha maneira própria de ler o mundo, ou, no mínimo, é o lugar de onde posso ler as coisas de maneira mais fácil.

Quando comecei no Circuito Mundial, estava muito animado com a ideia em si, mas, no fundo, entediado com o nível do surfe. Essa é uma declaração ousada, mas realmente vi com clareza o quanto seria fácil, naquele tempo, ganhar um título mundial diante do que estava sendo feito pelos caras que estavam no topo. De maneira alguma falo isso com desprezo ou desrespeito pelos surfistas que vieram antes de mim. Se não fosse por caras como Martin Potter, Tom Carroll, Tom Curren, Occy e muitos outros heróis que os antecederam, eu não estaria nem perto do nível em que estou hoje, nem teria o amor que tenho por surfar. Eles plantaram todas as sementes das quais eu cresci.

Como um moleque de praia, e mesmo como um jovem surfista profissional, nada importava mais do que deslizar nas ondas (bem, de vez em quando havia outras coisas, mas eu achava as meninas bem mais complicadas que as ondas!). Mas, à medida que crescemos e experimentamos coisas que fazem nossas mentes crescerem, nosso questionamento cresce, nossas ideias se tornam maiores e mais amplas, e a proposta de nossas vidas fica mais clara. Vida e amor são muito mais importantes, eu sei, e surfar é apenas um aspecto da minha vida ou da de qualquer outra pessoa.

De olho no tubo, Soup Bowls, Barbados.

Minha vida é uma coleção de tantas pessoas, lugares, pensamentos, experiências e conexões ao acaso, que juntos criam uma vasta rede de entusiasmo, adrenalina, aventura e, às vezes, confusão, a qual tenho certeza de que pouquíssimas pessoas têm a chance de experimentar durante uma vida inteira, quanto mais todos os dias. Tenho algumas poucas obrigações aqui e ali onde realmente trabalho, mas na maior parte do tempo sou o cara mais sortudo que você poderia conhecer. Sou literalmente pago para surfar todos os dias. Quando as ondas estão boas e tenho que estar em algum lugar, você pode descansar com certeza de que sou uma das poucas pessoas que pode se safar apenas dizendo a verdade – que eu estava surfando, as ondas estavam boas e simplesmente não consegui chegar no horário marcado ou até mesmo que não pude comparecer. E enquanto estou na água, provavelmente vou conhecer algum quiroprático, músico ou *sushiman*, que irá me convidar para dar uma chegada até seu local de trabalho a fim de ajustar minhas articulações, fazer um som ou bater um rango. No que me diz respeito, trata-se de um trabalho, e vida, dos sonhos.

Então por que estou escrevendo este livro? Para ser honesto com você, à medida que ele foi sendo desenvolvido, fui me fazendo a mesma pergunta. Na verdade, até certo ponto estou em desacordo com ele. Um livro sobre você mesmo parece ser uma coisa bem narcisista, egocêntrica. Além disso, a partir do momento em que você escreve algo, e esse algo está impresso, não há muito que possa ser feito a respeito. De alguma maneira, este livro foi, digamos, feito por si mesmo. Muitas pessoas estão envolvidas nesse processo. Uma das minhas maiores paixões na vida é conectar pessoas, e como estou em contato com tanta gente ao redor do mundo, esta pode ser uma boa maneira de reunir tudo isso. Há alguns anos, escrevi um livro (com Jason Borte) chamado *A biografia de Kelly Slater – Pipe dreams*, Editora Gaia. Tive as mesmas dúvidas a respeito dele, mas nem consigo dizer a você quantas pessoas vieram a mim desde então e me disseram ter lido o livro e que, de alguma forma, ele as ajudou a olharem para suas próprias vidas. Para ser honesto, eu o li apenas uma vez – enquanto estava fazendo a edição final do livro. Foi difícil para mim. Tinha certeza de que iria trazer transtornos à minha família e talvez a alguns amigos, mas eu também tinha a esperança de que iria abrir algumas portas para nós de uma maneira positiva, ainda que indireta, e isso aconteceu. Neste livro tentei, na maior parte, deixar que as fotos contassem a história ou, ao menos, a guiassem. Também me questionei sobre até que ponto eu poderia expressar minhas crenças e pensamentos a respeito das coisas.

No ano passado, Bruce (Gilbert) me mostrou um pintura antiguerra que acabei colocando nas minhas pranchas. Depois de competir com uma dessas pranchas, fui solicitado pelo (*site*) *Surfline* para dar uma explicação sobre aquela arte. Recebi mensagens raivosas de muitas pessoas, algumas delas reenviadas a mim para que eu as lesse. Sei que até algumas pessoas da Channel Islands, que faz as minhas pranchas, ficaram confusas diante do meu posicionamento. Fiquei surpreso com a opinião de algumas pessoas, mas imagino que elas também ficaram com as minhas. A postura antiguerra pode ser estranhamente odiada. Em poucas palavras, acredito que, como nação, somos loucos por ter ido ao Iraque, e, da mesma maneira, ao Afeganistão. Naquela época, eu falava com os amigos sobre como estávamos sendo enganados sobre as razões da guerra, e a maior parte daquilo foi revelado desde então. A pintura que eu tinha nas minhas pranchas era minha maneira silenciosa, mas visível, de dizer isso. Coincidentemente, surfei com essa prancha numa competição uma única vez, no ano passado, no Chile – um país democrático que, há uns 35 anos, sofreu um golpe de Estado apoiado secretamente pelos Estados Unidos. Não havia planejado surfar ali com aquela prancha e eu, na verdade, não iria a este evento, mas agora, olhando em retrospecto, me parece que acertei ao tê-la usado no Chile. Não que, considerando tudo o que está envolvido nesta questão, essa seja alguma grande declaração, mas, da minha pequena e particular maneira, pude tornar minha opinião evidente através da minha prancha.

Pelo amor engloba alguns desses tópicos, e tenho certeza de que um bom número de pessoas irá questionar por que um surfista está falando sobre eles. Suponho que sempre exista a possibilidade de você deixar o livro de lado!

Tenho amigos de todas as classes sociais. De cada um deles, com seu próprio jeito, aprendi e respondi muitas questões a mim mesmo apenas ouvindo e falando. Às vezes minha vida é muito pública; outras, muito privada. Me sinto um pouco estranho porque acredito que criamos absolutamente tudo o que acontece em nossas vidas e com isso aprendemos algo; desse modo, às vezes me pergunto como me encontrei em algumas das situações pelas quais passei. Tive algumas duras lições ao longo do caminho, de maneira que, se nada mais valer a pena, pelo menos adquiri experiência de vida.

Quando eu era garoto, não queria necessariamente ser famoso, mas conquistar o que propus a mim mesmo; porém muitas coisas aconteceram e me moldaram no que sou hoje. Gostaria de pensar que tudo foi positivo e bom, mas também somos guiados pelas más experiências. Quando garoto, tive experiências constrangedoras, infelizes, engraçadas, tristes e por aí vai, como qualquer um. Igual àquela vez em que estava apaixonado por uma menina que gostava de sujeitos mais velhos e populares. No fim, ela ficava com "o cara" numa festa. Da minha perspectiva, o único momento em que ela parecia notar que eu existia era quando me via numa revista de surfe. Teve um dia em que fui derrotado por uma menina num campeonato de braço de ferro na escola, na frente de todos os meus amigos, quando tinha uns catorze anos de idade! Outro acontecimento foi ter vencido um campeonato Pro-Am naquele mesmo ano, contra todos os profissionais locais, o que talvez tenha me colocado numa direção na qual estava pronto para seguir. Também me pergunto como eram as coisas para meu irmão mais velho, Sean, quando eu estava realmente começando a me dar bem, conseguindo fotos nas revistas de surfe a toda hora e sessões de filmagem para os novos filmes de surfe, e com ele não acontecia o mesmo. Que efeito teve isso sobre ele? Como é a sensação de as pessoas perguntarem sempre para ele o que estou fazendo, aparentemente sem se importar com o que estava acontecendo com ele (isso se tornou uma piada entre nós)? Ou para o Stephen, meu irmão mais novo, que basicamente cresceu sem nós, enquanto viajávamos tanto. E para minha mãe, que criou três meninos por conta própria, sem muito dinheiro e quase nenhuma ajuda (ainda que agora pareça que todo mundo que conhecemos trocou nossas fraldas e tomou conta de nós em algum momento quando crianças, certo?). Às vezes, quando estou relembrando onde estive e imaginando para onde vou, penso em como experiências como essas talvez tenham me moldado
à medida que eu crescia para lidar com a vida da maneira que lido. Algumas vezes olho para tudo que ficou para trás e imagino se algo poderia ter sido diferente ou se tudo estava alinhado deste modo perfeito para criar um final desejado; não como uma predestinação, mas como algo do tipo "ligue os pontos e as coisas e continue mantendo o bom senso, oriente-se pelo seu instinto". A vida é dinâmica, e perder e ganhar faz parte da equação. Acho que aprendi mais quando as coisas pareciam ir de mal a pior e, no fim, tudo acabava justamente do jeito que queria.

Kalani e eu.

Este livro foi primeiramente chamado *Mil palavras* pelo fato de as fotos contarem a história e guiarem os temas sobre os quais escolhi falar a respeito. Mudamos o título para *Pelo amor* por uma série de razões. Originalmente, *Pelo amor* era uma ideia que tivemos para um filme mostrando todas as coisas de que gosto relacionadas ao surfe e à minha vida. O filme nunca foi feito, mas este livro é uma extensão dele e basicamente fala das mesmas coisas em que estou interessado e pelas quais sou apaixonado. Ironicamente, *Pelo amor* era também um tema em discussão entre meus amigos durante entrevistas com Phil Jarratt. Todos eles disseram desejar que eu encontrasse o verdadeiro amor e a felicidade.

Em primeiro lugar, obrigado a vocês, que tornaram este livro possível, das palavras que muitas pessoas irão ver através de seus olhos às fotos fornecidas por todos os fotógrafos e amigos ao redor do mundo. Isso é basicamente uma compilação de fotos que foram tiradas ao longo de minha carreira e que falam por "mil palavras". Eu (sem intenção) deixei de fora um monte de gente que considero essencial à minha vida por diferentes motivos. Mas, o mais provável é que apenas não havia a foto para contar uma história agora. Vou ter que buscar mais algumas fotos e falar a respeito delas se um dia fizer outro destes. E para meus amigos que estavam preocupados com o fato de eu encontrar o amor, estou bem certo de tê-lo encontrado. Obrigado por ler.

9

Prefácio Jack Johnson

Eu devia ter uns doze anos quando encontrei Kelly Slater pela primeira vez. Naqueles dias costumávamos surfar muito o fundo de areia em Ehukai. Saíamos do mar para comer uma tigela de cereais na varanda de nossa casa e observar os outros caras surfando. Lembro do Kelly surfando numa prancha cor de manga, quando ele deu um *floater* verdadeiramente longo, o mais longo que eu já tinha visto alguém completar. Lembro de todos nós na varanda, de olhos arregalados sem poder acreditar. Tinha sido umas das manobras mais loucas que nós já víramos.

Não foi muito depois daquele *floater* que nos conhecemos. Ele era três anos mais velho que eu, o que não significa nada agora, mas quando se é adolescente isso faz muita diferença. Em vez de nos relacionarmos como iguais, eu o olhava de baixo pra cima, mas a diferença de idade deixou de ter importância à medida que nos tornávamos amigos. Ele se tornou parte de nosso grupo, curtíamos juntos, surfávamos e mais tarde aprendemos a tocar violão.

Não conheço ninguém que goste tanto de surfar quanto o Kelly. Não importam as condições ou a prancha, ele simplesmente ama surfar. Acredito que possa continuar a ganhar quanto títulos mundiais desejar.

Se tivesse que descrever o Kelly para qualquer um, começaria dizendo que normalmente ele está uma hora atrasado. Se você não o conhece, pensará que está sendo rude, mas se o conhece, saberá que o atraso é causado por respeito à pessoa com quem ele está falando, e não em desrespeito à que está esperando. Tanto faz se o assunto é *design* de pranchas ou alguma teoria conspiratória sobre uma companhia petrolífera, ele entra com tudo na conversa e não a abandona até que seja concluída. É um bom ouvinte.

Ele é ágil e incrivelmente flexível. Recordo-me de, numa viagem que fizemos para surfar, ter acordado de manhã, ido para a sala e vê-lo lá fazendo alongamento com os pés atrás das orelhas! Lembro de ter pensado: "Como ele pode fazer isso?". Pois é, ele é flexível, atrasado e sabe ouvir os outros. Essa é minha visão do Kelly.

Para o futuro, apenas espero que seja feliz, porque quando o seu trabalho é ganhar títulos mundiais, é muito difícil deixar toda a agitação e voltar a ter uma vida normal. Mas acredito que ele será capaz de passar para a próxima fase e envelhecer dignamente.

Luke Munro, eu e Kelly, durante o Quiksilver Crossing, na Europa, em 2002. Todos parecemos bem felizes nesta foto, mas, alguns dias depois, Luke não estava mais sorrindo. Ele tinha sido barrado na alfândega do aeroporto. Kelly enfiou um peixe dentro da capa de prancha dele como presente de despedida e Luke teve que se explicar. Nós voltávamos pra casa depois de uma viagem de surfe sem ondas. Kelly ficou esperando pelas ondas. Ele não tinha pressa de ir embora. Na verdade, ele nunca tem. JJ

Introdução Phil Jarratt

E
S
P
E
R
A
N
D
O

P
O
R

K
E
L
L
Y

Este livro poderia ter sido chamado *Esperando por Kelly.* Muitos de seus amigos fizeram esta sugestão. Além disso, essa foi minha experiência durante os muitos meses de entrevistas e trocas de ideias para fazer este livro.

Constantemente solicitado, Kelly retira-se para o Kellyworld, onde nada é mais importante do que o momento presente. No Kellyworld, como o campeão mundial Shaun Tomson disse uma vez sobre estar dentro do tubo, o tempo para. Não existe programação, não existem prazos.

É difícil discordar desta lógica, e as muitas pessoas que amam Kelly simplesmente a aceitam. No entanto, se você está entre o amor e um cheque de pagamento, algumas vezes, é engraçado; outras, dá raiva. Considere o seguinte arquivo de mensagens de celular trocadas entre Kelly e eu na manhã de 5 de setembro de 2007, quando eu supostamente deveria encontrá-lo em Newport Beach, Califórnia.

KS 3:11 A.M.: Phil, fiquei em L.A., então me escreva antes de ir para Newport. Se eu não tiver acordado e ido pra lá, vamos nos encontrar aqui. Kelly.

PJ 6:55 A.M.: Oi Kel, me informe do seu plano. Pronto para ir quando você estiver. Phil.

PJ 8:26 A.M.: E aí! Já levantou? Tô pronto para partir!

KS 9:37 A.M.: Acabei de abrir meus olhos. Ainda na cama dormindo. Deixa eu pensar num plano. Onde você está?

PJ 9:39 A.M.: Sul da PCH, entrando em Santa Monica.

KS 9:53 A.M.: Tem um lugar na esquina da 26 com a San Vicente que é muito bom para comer. Podemos nos encontrar lá. Acho que é à esquerda na San V e à direita para a 26.

PJ 9:55 A.M.: Tô a caminho.

KS 10:01 A.M.: Mercado Rural de Brentwood é o lugar. Tô levantando agora. Fiquei acordado até 5 A.M. no computador, odeio essas porcarias.

PJ 10:34 A.M.: KS, estou aqui!

KS 11:01 A.M.: Tô tentando ir, mas fiquei preso por uma obra numa rua sem saída por 20 min. Pode demorar mais uns 10.

PJ 11:03 A.M.: Não dá para você sair do carro e vir andando!? Não esquenta, vou pedir mais um balde de café.

Foi um jeito meio estúpido de encerrar. Kelly Slater não ia esquentar a cabeça com o atraso, ainda que o fato de ter me mantido informado dos pequenos desastres matinais já era uma incomum concessão às regras normais de relacionamento humano. E quando ele finalmente chegou, nos sentamos em meio a mães almoçando com seus filhos gritalhões, por quatro ou cinco horas. Durante esse tempo ele falava para um gravador, ponderando sobre a vida e o amor, se entusiasmando com surfe, música e golfe. Por um tempo estávamos ambos dentro da bolha que é o Kellyworld. Naquela noite ele me enviou uma mensagem contendo uma citação de James A. Michener que achou apropriada, e um sincero obrigado por um bom dia de trabalho. Mesmo sem querer, fiquei emocionado.

Momento de ouro.

Kelly Slater é esse enigma, o maior surfista de todos os tempos (e se alguém disser que ele não o é, essa pessoa simplesmente não estava prestando atenção nos últimos quinze anos). Kelly reescreveu o livro dos recordes, transcendeu seu esporte e sua cultura para se tornar uma pessoa verdadeiramente famosa; para não mencionar que também se tornou um jogador de golfe acidental e um habilidoso cantor/compositor. Além disso, desempenhou papéis como ator, mas é melhor deixar isso de lado. Sua vida amorosa envolveu uma sucessão de mulheres famosas e glamorosas, e o preço que pagou por isso foi ter se tornado alimento para jornais de celebridade, alvo dos *paparazzi*. É cercado por multidões na praia, e a garotada faz fila ao redor do quarteirão para conseguir um autógrafo em suas aparições em lojas de surfe. Todo mundo quer um pedaço de Kelly, inclusive eu: quem somos nós, aqueles que o atacam com câmeras, gravadores, pôsteres para serem autografados, causas para serem abençoadas, para negar a ele o santuário de Kellyworld?

É fácil perceber porque todo mundo é atraído por ele. Se houve uma pessoa que estava no lugar certo quando as bênçãos caíram do céu... Ele é incrível, bonito, brilhante, e o surfe sem medo é sua definição, mas, além disso, é um sujeito extraordinário, inteligente, articulado e desinibido, é sábio de vários jeitos, carinhoso e gentil de vários outros, e – isto não é fácil para um velho e cascudo escritor de surfe – lindo de se olhar. Ele também pode ser um pé no saco, absorto nele mesmo, presunçoso e, ouso até dizer, escamoso.

De qualquer modo, como muitos dos seus amigos me disseram durante a preparação deste livro, é uma pessoa que ao estar presente na sua vida faz que você se sinta especial. Não é fácil conquistar sua amizade, mas quando você tiver sua confiança, vai tê-la para sempre. Algumas vezes, os magníficos e os virtuosos se parecem justamente como o restante de nós. Outras, eles irradiam uma energia magnética. Kelly brilha intensamente. Um amigo disse: "Quando Kelly é apresentado a pessoas que não sabem quem ele é, percebem imediatamente que é especial e superdedicado a conquistar seus objetivos. Ele projeta essa aura.".

Este é o segundo livro de Kelly. O primeiro, *A biografia de Kelly Slater – Pipe dreams*, Editora Gaia escrito com Jason Borte, é a autobiografia de Slater; conta a história de um garoto vindo de um lar desfeito na Flórida central que, assim como vários grandes atletas, usou seus dotes físicos para proteger-se e ao mesmo tempo sair de uma vida ordinária e conflituosa. Kelly e Borte, também um ex-surfista profissional, contam a história de uma maneira irresistível, mas não respondem a todas nossas questões sobre como Kelly se tornou quem ele é e como ele faz o que faz. Afinal, como poderiam eles? A vida de Kelly é uma obra em desenvolvimento. Desde então, sua volta às competições adicionou mais dois títulos mundiais a seu favor, e sua vida continua se desdobrando.

Com apenas 35 anos em 2007, o ano em que foi feito *Pelo amor*, a maior parte da vida de Kelly ainda está para acontecer. Ainda assim, este ano marcou o início do fim do capítulo competitivo de sua vida, mesmo ele urrando lá de trás em um tardio – e ao fim malsucedido – ataque na direção de um nono título mundial que ele viria a conquistar brilhantemente em 2009. Kelly quis marcar o final de sua primeira e absurdamente bem-sucedida carreira com um retrato composto de palavras e fotos da pessoa que ele realmente é. Trata-se de um retrato que vai surpreender muitas pessoas, porque a camisa de força da fama reduz a maior parte das declarações públicas à superficialidade de trinta segundos de alvoroço. Como um profundo e diversificado pensador, Kelly se sente igualmente confortável com hidrodinâmica e metafísica, com Teahupoo e Chomsky.

Eu já conhecia Kelly há uns dez anos quando este livro me foi sugerido por meu amigo Peter Townend, que em 1976 se tornou o primeiro campeão mundial de surfe profissional. O conceito era entrar na cabeça de Slater e cercar seus pensamentos com fotos maravilhosas, e foi exatamente assim que aconteceu. Mas havia um problema. Eu não fazia parte do Kellyworld, nem ao menos tinha licença para visitas. Na verdade, parecia que na maior parte de nossos encontros em diferentes lugares do mundo, na minha condição de gerente de *marketing* da Quiksilver, eu pertencia a "eles" e não a "nós". Se não estava batendo na porta de seu quarto em um hotel em Munique para arrastá-lo a uma coletiva de imprensa, justamente no momento em que um de seus muitos romances chegava a um lacrimoso, traumático e trágico fim, eu estava invadindo seu apartamento em Snapper Rocks para lhe entregar quinhentas folhas de papel que precisavam ser autografadas até o dia seguinte. Kelly não necessariamente odeia as pessoas que tentam fazer que ele cumpra obrigações quando está acontecendo uma crise em Kellyworld, mas certamente pode fazer que você se sinta desconfortável.

Pois foi com receio que me acerquei do nosso primeiro encontro sobre o livro em Los Angeles, no início de 2007. Imaginei que iria colocar a ideia na mesa e depois deixar o caminho livre para alguém com mais capacidade de comunicação fazer a parte prática. Mas Kelly logo sinalizou que queria trabalhar comigo e que, melhor ainda, ele tinha uma visão bem definida do que queria dizer e de como isso deveria ser apresentado. Nós começamos a trabalhar imediatamente no que começou a parecer seu derradeiro canto do cisne durante o *tour* profissional e continuamos enquanto ele voava de um lado do mundo a outro.

Não posso dizer que foi fácil. Com muita frequência a ponte levadiça era suspensa e eu acabava me encontrando no lado errado do fosso que protege o Kellyworld. Mas também, por vezes tive acesso privado ao fechado círculo de relações de Kelly. Alguns de seus amigos se tornaram meus amigos, e através deles aprendi tanto sobre o Kelly quanto nas conversas com ele mesmo. Afinal, é a voz singular e a visão de mundo dele que iluminam este livro. Eu apenas entrava no Kellyworld de tempo em tempo, arrumava a mobília e abria as cortinas para deixar o mundo entrar... só um pouquinho.

Por fim, uma confissão. Eu era fã do Kelly ao iniciar este livro e ao terminá-lo sou um fã ainda maior. Espero que você se sinta da mesma maneira.

Coautores, Tavarua, agosto, 2007.

Esta foto foi tirada em uma viagem para o *Young Guns 2*. Nós estávamos em um barco enorme com um helicóptero (o que era muito embaraçoso quando outros surfistas estavam ao redor e nós nos exibindo naquela coisa!) e *jet skis*, e praticamente tudo que você poderia querer em uma viagem de surfe. O barco fazia uma marola enorme, mais como uma colina do que como uma onda. Não dá para ver, mas o topo deste monte de água está na altura da cabeça. Em determinado momento, tivemos cinco caras surfando de uma vez só, mas isso era um pouco perigoso porque você poderia ir de encontro à traseira do barco. É engraçado como aquela nuvem está bem em cima da minha cabeça como uma auréola.

1

Pela diver

Como tudo começou

Isso foi na mesma viagem do *Young Guns* da página anterior. Esse dia foi insano, numa direita que eu vinha ouvindo meus amigos falarem a respeito há anos. Durante a manhã devia ter uns 25 a 30 caras surfando, mas à medida que a maré foi baixando, todo mundo resolveu dar um tempo. Apenas cinco de nós continuaram lá e na maioria das ondas tinha dois ou três tubos. Fiquei muito sem graça quando decolamos no helicóptero, ele fazia tanto barulho e bem na cara de todo mundo; mas realmente deu uma perspectiva formidável da onda. Quase dá para ver as rasas cabeças de coral nesta foto. Você realmente não iria querer cair ali. Uma das minhas sessões mais memoráveis.

LAR

Provavelmente minha memória mais remota é de ter uns três anos e visitar a casa do avô de meu melhor amigo, rua abaixo. Vovô era conhecido como "Peepaw" e sua esposa "Meemaw". Peepaw trabalhava no jardim o dia todo e assobiava. Ele assobiava maravilhosamente bem. Eu era atraído pelo assobio como na lenda do flautista mágico. Eu perambulava pela rua, frequentemente sem meu amigo, sentava no tanque de areia do Peepaw e ficava ouvindo. Minha mãe me encontrava lá, com areia escorrendo entre meus dedos e de olhos arregalados, escutando as melodias de Peepaw e observando ele cuidar do seu jardim.

Acho que Peepaw foi meu primeiro herói. Ele nos levava para passear em seu barco, pescava truta quase todas as manhãs e nos ensinou a andar de bicicleta. Uma vez, quando eu tinha uns cinco anos, trombei com um irrigador no jardim e fiquei com um pedaço de metal encravado no meu joelho. Peepaw sacou sua faca e extraiu o metal ali mesmo, na hora. Nada de injeção antitetânica, ninguém foi processado, nada de hospital... eram os bons velhos tempos.

Por ser uma cidade pequena e localizada no Sul, acho que as pessoas esperam que Cocoa Beach seja retrógrada. Se você for mais para o interior a partir da nossa cidade, não duvido que encontre cidades assim, mas por ser próxima ao Cabo Canaveral, a "Costa Espacial" foi poupada disso. Minha cidade era razoavelmente próspera, classe média – e quase totalmente branca. As pessoas não se interessavam por grandes debates em Cocoa Beach.

Fui criado sem qualquer crença religiosa ou visão política arraigada, mas se você me perguntasse, teria dito que era republicano porque era isso que meus pais diziam ser. Papai era o tipo do sujeito bem simples que nunca esquentava muito com as coisas, e tinha um olhar complacente para com o que meus irmãos e eu nos envolvíamos. Já mamãe tinha uma visão mais objetiva das coisas. Ainda que não fosse, de maneira alguma, uma disciplinadora, ela era mais rigorosa que meu pai. Eu não podia xingar ou me meter em brigas quando mamãe estava por perto.

Quando olho para o passado, vejo duas fases distintas da minha infância. A primeira terminou quando eu tinha uns oito anos. Até aquele momento eu era o valentão da classe, sempre me metendo em brigas e estava prestes a ter um grande problema na escola. Quem vê as minhas fotos mais antigas, nas quais estou surfando, dificilmente acredita que eu era um pouco gordinho e maior que a maioria dos garotos da minha classe. Até o segundo ano, ninguém queria arrumar confusão com Kelly Bobby! Brigava com um menino chamado Owen, quase todo dia, e tínhamos de sentar contra a parede durante todo o recreio. Sempre discutiam na classe sobre qual de nós dois era o mais durão; se alguém dissesse que era o Owen, eu provavelmente teria que brigar com ele por causa disso.

Bem nessa época, meus pais começaram a brigar muito, e minha mãe tentou expulsar meu pai de casa. Alguma coisa dentro de mim aconteceu. Eu não queria mais ser um lutador. Mudei de agressivo para quase submisso do dia para a noite. Em parte era porque não queria estressar mamãe mais do que ela já estava. Tornei-me muito introvertido e, apesar de as pessoas, ao me verem atuar em público, acreditarem que sou extrovertido, continuo sendo uma pessoa introvertida.

SURFE

Comecei a brincar com o surfe quando eu tinha uns cinco anos, mas foi só uma coisa de verão. Meus pais me encorajaram, mas nenhum deles me pressionou. Meu pai surfava bastante, mas não muito bem. Era algo que ele curtia. Depois da escola, normalmente eu ia direto para a praia e surfava se houvesse onda, mas não me preocupava muito, pois tinha outros interesses durante minha infância – tênis, futebol americano, basquete, pescaria, *wakeboard* e eu realmente me dedicava ao pingue-pongue – mas o surfe sempre pareceu sobrepor-se a eles.

Dei-me conta de que o surfe poderia se tornar mais do que uma diversão quando tinha doze anos e ganhei um campeonato. O prêmio era uma viagem para o Havaí. Eu tinha dez anos quando uma foto minha saiu em uma revista pela primeira vez, e no mesmo ano publicaram outra no jornal local. Aos doze anos, publicaram uma foto minha em preto e branco que ocupou mais de um terço de uma página da revista *Surfing*. Eu estava indo longe! Minha primeira capa nacional aconteceu quando eu tinha quinze anos e a *Surfing* estampou uma manobra aérea em Sebastian Inlet. Naquele tempo, os adesivos do logotipo da Oakley tinham letras separadas, peguei alguns deles e, misturando as letras, formei meu nome. Grudei um "KELLY" bem na frente da minha prancha.

Desde o início eu queria ser patrocinado. Quando consegui uma das minhas primeiras pranchas, queria que grudassem um "TEAM" nela, para que eu pudesse fazer parte da equipe local de surfe dos Salick Brothers. Os Salick pensaram muito e por um bom tempo sobre a possibilidade de me colocarem na equipe (ou, talvez, resolveram esperar um pouco só para serem legais) e no fim a resposta foi negativa. Meus pais continuaram pagando o preço de varejo pelas minhas pranchas. Tive mais sorte que muitos garotos, pois não precisei trabalhar depois da escola, assim, pude me focar no surfe. Quando tinha catorze anos, um amigo meu estava tentando ganhar uma grana cuidando de jardins ao redor da cidade, e um dia comecei a arrancar algumas ervas daninhas com ele. Ficávamos totalmente absortos em arrancar a menor erva que fosse; depois de duas horas, a senhora nos despediu. Esse foi o único trabalho de verdade que tive e acho que ganhei uns dez contos. Mais tarde, meu irmão e eu fomos patrocinados pela marca Sundek, mas não podiam nos pagar porque éramos amadores, então, tentaram nos arranjar um emprego no qual tínhamos de empilhar roupas – o que durou só um dia – e no fim nos deram o dinheiro por debaixo da mesa.

Flórida, iniciante, início dos anos 1980.

Disparando com os *Young Guns*, 2005.

HERÓIS

Meu primeiro herói surfista foi o "Buttons" [Kaluhiokalani].

Quando tinha uns oito anos, o vi num filme com Larry Bertleman. Naquele tempo, o mundo inteiro parecia estar louco pelo Bertleman, mas foi o Buttons quem capturou meu olhar. Buttons estava sempre fazendo alguma palhaçada na onda, se divertindo, trocando de pé no meio de uma manobra, com um enorme sorriso na cara. Além disso, ele parecia estender os limites toda vez que pegava uma onda e eu adorava sua atitude.

Um dia, estávamos na praia, quando alguém chegou com a mais recente revista de surfe. Na capa tinha um cara com um visual selvagem dando um aéreo tão alto que quase não dava para ver a onda embaixo dele. Ele não era muito mais velho que a gente, e era muito legal ver alguém tão novo fazendo algo completamente diferente. Esse era Martin "Pottz" Potter e ele havia se tornado meu novo herói.

Nós sabíamos um pouco de surfe aéreo, é claro. Tínhamos visto fotos de Dave Smith na Costa Oeste dando aéreos. Localmente, um cara chamado John Holman já vinha dando aéreos *frontside* 360 praticamente a hora que ele quisesse, desde o fim dos anos 1970, enquanto meu amigo e mentor Matt Kechele havia introduzido de forma pioneira o "Kech air"; além disso, Pat Mulhern e John Futch estavam sempre tentando aéreos. Eu tinha feito minha parte também. Quando era moleque, passei por uma fase em que tudo que eu queria era sair da onda e voar o mais alto que pudesse. Eu não segurava minha prancha, apenas decolava no espaço. Chamava essa manobra altamente funcional de "Superman", mas definitivamente não era o *superman* que você vê hoje em dia.

Isso era algo diferente. Eu olhei para Pottz e vi o futuro do surfe, mas ele, também, tinha que justificar a funcionalidade de suas manobras. Demorou um tempo para que fizesse isso e vencesse um campeonato mundial. O problema de Pottz é que não dava para esperar muito que ele conseguisse completar a onda. Sempre parecia estar prestes a cair, mas você sabia que se ele ficasse na prancha, iria vencer por uma grande diferença. Eu achava que o jeito dele era muito melhor do que dos outros, no entanto, é difícil vencer se você não consegue continuar na prancha.

Ainda bem jovem num Op Pro. A concentração de um competidor nato.

Observar Pottz com tanta atenção, enquanto meu surfe estava começando a se desenvolver, me ensinou uma lição valiosa. Ele era tão descuidado que parecia não se importar e eu não conseguia entender isso. Há mais método do que loucura em jogo numa competição, e às vezes você tem que controlar seu impulso de extrapolar. A primeira vez que realmente sentei e conversei com Pottz foi num bar em Hossegor, França, quando ele estava bêbado. Ele veio até mim e disse: "Gosto de você, garoto, porque, quando você vê uma crista, bate nela.". Foi um dos maiores elogios que já recebi de alguém cuja opinião considero importante. Foi muito agradável, pois era bom saber que eu tinha a aprovação de Pottz.

A influência de Tom Curren em jovens surfistas americanos nos anos 1980 não pode ser subestimada e foi particularmente importante para mim. Com Curren, cada manobra fazia sentido. Sua preparação para surfar radicalmente em competição tinha certo limite e ele parecia bem mais seguro se comparado a Pottz. Mesmo sendo conservador, Curren era artístico. Se as pessoas tivessem me chamado de "clone do Curren" no início da minha carreira, eu teria ficado lisonjeado.

Outra enorme influência no meu início foi Mark Occhilupo (Occy). Ele cruzou o meu radar após vencer o primeiro evento profissional em Jeffrey's Bay, na África do Sul, em 1984. O surfe do australiano inicialmente me assustou porque era muito diferente. Era como se ele soubesse algo que mais ninguém sabia – quase um alienígena. Você olhava para o estilo dele e ficava se perguntando de onde ele havia tirado aquilo! Occy mantinha sua mãos para baixo e as apontava para a direção que queria seguir na onda. Sua posição na prancha parecia tão perfeita e estabilizada que ele não poderia ser derrubado; suas pernas ficavam plantadas de modo bem aberto, mas, ao mesmo tempo, delicadamente juntas. Ele veio à Costa Leste para um campeonato logo em seguida e foi derrotado por Shaun Tomson nas semifinais. Fiquei perplexo porque, naquele momento, não acreditava que ele pudesse ser derrotado. A carreira de Occy avançou por caminhos estranhos, mas seu retorno foi o melhor que o nosso esporte já conheceu. Eu aplaudi tanto quanto todo mundo quando ele me sucedeu como campeão mundial em 1999.

Matt Kechele (ex-surfista profissional, *shaper*, mentor)

Provavelmente comecei a notá-lo quando ele passava o tempo ao redor da Third Street North, em Cocoa Beach. Sua mãe costumava trabalhar no Islander Hut, fazendo hambúrgueres. Kelly e Sean ficavam na praia 24 horas por dia, sete dias por semana, durante o verão. Eu filava umas fritas deles. Naquela praia em particular ficava o Apollo Building, abandonado depois da missão Apollo 11, e aquele era o ponto de encontro de todos os bons surfistas locais, tipo o centro energético. Kelly morava a três quadras da praia, logo ao lado da Minuteman Causeway. No inverno o Apollo servia como bloqueio para o vento. Você podia ficar confortável e aquecido atrás daquela parede. O prédio estava abandonado, mas o Islander Hut era bem ao lado, uma clássica lanchonete da Flórida servindo hambúrgueres e cerveja. O pai de Kelly estava sempre lá bebendo umas.

(Sean e Kelly) eram excelentes surfistas – ambos chamando a atenção – mas Kelly tinha um pouco mais de magia no seu jeito de ser. Ele dava uma grande batida se esticando todo na espuma para depois se levantar como uma mola. Essa era a sua marca registrada. Quando se levantava de novo, as pessoas exclamavam: "Oh, uau!". Ele era tão pequeno para sua idade, que você se perguntava se algum dia ia passar de 1,5 m. Dick Catri era uma lenda local em Cocoa Beach, e ele tinha o Shaggs Surf Team progredindo. Dick costumava "shapear" algumas pranchas, e as fazia para Kelly e seus amigos. Sem desrespeito, mas elas eram largas demais; pareciam bolas de futebol americano. Minha carreira de *shaper* estava apenas começando quando fui até Kelly e disse: "Cara, deixa eu te fazer uma prancha de verdade.". Então comecei a fazer para ele algumas pranchas sob a marca Quiet Flight.

Matt Kechele com a equipe Quiet Flight – Sean e Kelly.

A MATILHA DE PIPE

Aos catorze anos terminei em terceiro no Mundial

Júnior em Newquay, Inglaterra. Este era um evento para menores de dezoito anos, o que me fez ser o surfista de catorze anos com o melhor ranque do mundo. As pessoas esperavam muito de mim, mas eu não estava tão confiante assim. Mesmo depois de duas temporadas, eu ainda não havia realmente me adaptado às condições de surfe no Havaí, o lugar com as melhores e mais consistentes ondas do mundo. Mas eu gostava tanto de ir lá, que se eu pudesse passar minhas duas semanas lá todos os Natais, estava preparado para abrir mão do restante do ano.

Em 1984, competindo na categoria "menehune" do US Nationals, em Makaha, conheci alguns surfistas que iriam se tornar meus amigos por toda a vida, caras como Shane Dorian, Ross Williams, Keoni Watson, Brock Little e Sunny Garcia. Foi durante as duas temporadas seguintes no North Shore (Costa Norte) de Oahu que me enturmei com a galera que iria me guiar, inspirar e ajudar a me tornar um surfista capaz de vencer em todos os tipos de condições. Mas naquelas duas primeiras temporadas o que mais importava era a diversão.

Eu tinha medo de quase tudo no North Shore, então passava bastante tempo surfando no Ehukai Beach Park, que é menor e onde a maior parte do fundo é de areia. Devagarinho me arrisquei ao longo da praia na direção de Pipeline e comecei a pegar ondas de 1 m no fim, enquanto Ronnie Burns, Tom Carroll, Derek Ho, Dane Kealoha e Johnny Boy Gomes estavam pegando tubos de 2,5 m. Foi um período de aprendizado maravilhoso. Conheci Benji Weatherly, Jack Johnson e os clãs Johnson e Hill inteiros, que se tornariam minhas famílias adotivas no North Shore.

Matt Kechele

Eu busquei Sean e Kelly no aeroporto e os levei para a casa de Mark Foo. Estavam bastante impressionados com o fato de ficarem lá e conhecerem o lendário surfista de ondas grandes. Era a primeira vez de Kelly no Havaí e ele era um baita de um maricas. É engraçado quando olhamos para o passado. Eu o levava para picos como Marijuanas ou Leftovers, as ondas mais fáceis. Eu surfava o máximo que podia nos bons picos e depois os levava a algum lugar onde se sentissem confortáveis. Era uma coisa boa para o Sean, porque ele era só um pouco mais velho e confiante, e, assim, podia tirar um sarro do Kelly, do tipo: "Vamos Kelly, vê sê vira homem!". Eu tinha que cozinhar o jantar para eles, e nossa refeição favorita era *nachos*. Eu fazia uma panela gigante e a atacávamos quase todas as noites. A dieta do Kelly não era muito boa naquele tempo. Faz você pensar se isso afetou de algum modo o seu crescimento. Na verdade, ele simplesmente amava batata frita.

Benji e Jack eram ainda mais novos que eu, mas já estavam atacando Pipe. Simplesmente adoravam aqueles dias de vento "kona", com 3,5 m em Pipe e ninguém lá fora. Eu estava aterrorizado, pois as condições eram muito diferentes das que eu estava acostumado (do tipo se você "toma uma vaca", você morre!). Eles achavam aquilo divertido; estavam apenas brincando em tanques de areia. O tempo todo Brock Little estava por perto nos chamando de menininhas se não entrássemos na água.

US Amateurs, de 1986, Sebastian Inlet.

28

Recebendo aconselhamento do técnico Bruce Walker no Mundial de 1986, Newquay, Inglaterra.

Young Guns 2, Sumatra.

DE VOLTA AO PARQUE DE DIVERSÕES

Recentemente, ao longo dos últimos anos,

tive a boa sorte de estar envolvido numa série de vídeos da Quiksilver conhecidos por muitos como *Young Guns*. Para isso, viajei para algumas das melhores locações para surfe do mundo com um grupo formado por alguns dos jovens surfistas de maior destaque, incluindo Jeremy Flores, da França, Dane Reynolds, da Califórnia, Clay Marzo, do Havaí e Ry Craike e Julian Wilson, da Austrália. Estava tudo programado para que eu fosse o professor e eles os alunos, mas definitivamente, na maior parte do tempo, a via foi de mão dupla. Para ser um bom professor, você não pode parar de aprender nunca. Você tem que estar morto ou ser um imbecil para não abrir os olhos às possibilidades que se apresentam ao estar perto desses caras. Você vê as coisas radicais que fazem e não pode ignorá--las. É necessário apenas um passo e se unir a eles!

Trabalhar no *Young Guns* me levou de volta para a época na qual eu tinha a idade deles, cerca de dezoito anos, e estava fazendo um filme chamado *Kelly Slater in black & white*. A maior parte do filme foi feita em Tavarua, Fiji, durante a minha primeira viagem para esse lugar. Foi o começo de um romance para toda a vida com a ilha e as pessoas de lá. Num dia em que nós filmávamos, Cloudbreak tinha 3 m, mas bem na frente do *resort*, o pico que eles chamam de Restaurants estava com 1,5 m a 2 m e absolutamente perfeito. O dia em que surfei em Restaurants foi um dos melhores da minha vida, e, depois de todos esses anos e experiências, ainda o considero entre os *top* cinco. Aquela viagem, e mais especificamente aquela sessão, era o que eu tinha esperado em toda a minha jovem vida. Para melhorar ainda mais, John Freeman, que mais tarde encontrou a fama com *Crusty demons of dirt*, registrou tudo em filme.

Há pessoas que dizem que *Black & white* é seu filme favorito, mas mesmo naquele tempo não achei que o surfe era excepcional. A maior parte das filmagens era tosca e crua, mas as câmeras registraram alguns momentos muito emocionantes, como minha animação ao surfar contra meu herói, Tom Curren, na França, e a sensação de vencer meu primeiro evento profissional em Trestles.

Acredito que o mais importante é o fato de terem registrado momentos maravilhosos da vida de uma pessoa, justamente quando há muita diversão e agitação; a sensação que o surfe dá a você é a de que o momento poderia se perpetuar indefinidamente.

Porta-voz da matilha. Atrás sem camisa está o mentor Kech sorrindo largamente. Fim dos anos 1980.

Todd Kline (ex-*top* amador da Costa Leste, gerente da Quiksilver)

Ex-companheiro de equipe e, mais tarde, gerente da Quiksilver, Todd Kline estava lá no começo e tem estado por perto durante as últimas campanhas para o título mundial.

Acima: Mundial de Newquay em 1986.
Do lado oposto: discutindo táticas antes da bateria.

Conheci Kelly quando ambos tínhamos uns catorze anos e, desde então, passamos muito tempo juntos. Nos demos bem logo de cara. Eu não tinha viajado muito, talvez uma ida a Barbados, por isso pode ser que esta seja uma declaração audaciosa, mas acho que pude ver quase que imediatamente que ele iria ser um campeão mundial. Aos catorze anos tinha o talento, o estilo, e o carisma dos pros que estavam em seu auge.

Ele era um garoto esperto, excelente na escola, mas também sábio na rua. Simplesmente parecia tomar as decisões certas. Eu era um verdadeiro folgado, sempre encrencado e metido em confusão. De vez em quando você podia convencer Kelly a aprontar alguma. Talvez tomasse uma cerveja aqui e ali, mas ele não era o tipo de garoto que vomita na festa ou fica se drogando. Nossa curtição principal era procurar garotas.

Costumava passar bastante tempo na sua casa, porque a minha ficava no Sul e o epicentro do surfe era na Flórida central. Eu estava ou na casa do Kelly ou na do Kechele. Kech era um mentor para nós dois. A mãe de Kelly sempre tinha a porta aberta para mim. Passamos bastante tempo pescando nos canais. Nós viemos de lares desfeitos onde o pai bebia muito. Steve (o pai de Kelly) estava por perto, mas não em casa. Nós o víamos na praia. Judy (a mãe de Kelly) estava criando os três filhos por conta própria e a minha mãe também. Não pensava muito nisso na época, mas agora tenho o maior respeito por elas. Não é fácil.

Esta é uma das fotos de tubo mais próximas e íntimas que acredito ter feito. Esta sequência inteira dura provavelmente menos de um segundo, mas nesse tempo acontece um monte de coisas sutis. Na foto 1, estou me inclinando para frente para embalar e alcançar a crista ajustando a sincronização do tempo. Acho que estou colocando um pouco de peso no meu calcanhar na foto 2, por isso estou jogando meu ombro para frente, para compensar meu traseiro batendo na água. Isso me joga mais para cima da face da onda e então, na foto 4, estou olhando pra baixo e me preparando para mudar de direção; simultaneamente, estou ficando um pouco preso, o que vai diminuir minha velocidade. Vou acelerar à medida que descer a face da onda, saindo desta foto, assim, preparo minha mão para segurar a face enquanto acelero. A mão na onda me dá mais controle e permite que eu suba na face da onda de novo, para evitar cair muito e ser pego pelo monstro do tubo (a turbulência onde a crista bate na base da onda). Esse foi um dia em Cloudbreak de ondas pequenas o bastante para brincar com o tubo sem se preocupar se iria me machucar ou não, apenas ia sentindo a trajetória através do tubo, testando o que pode ser feito num espaço tão pequeno.

Pelo desafio

Você nunca saberá se você não for

É bem provável que isso tenha ocorrido justamente antes de ser pego na zona de impacto em Pipe num dia de ondas difíceis. Se você passa por cima de uma onda e vê a próxima quebrando, tem que remar o máximo que puder na direção do canal para que essa onda não te arraste para muito longe, nem para que a próxima, atrás dessa, deixe de quebrar na bancada de fora e se despeje bem em cima de você no interior da bancada. Se ela não te arrastar muito para dentro, e não tiver nada atrás dela, em geral, você estará bem. É engraçado como às vezes, se você for pego por pouco, um sujeito que estava bem ao seu lado em um minuto, depois da série, poderá estar a centenas de metros.

VOCÊ NUNCA SABERÁ SE VOCÊ NÃO FOR

Uma das minhas fotos de surfe favoritas

é a de Michael "Munga" Barry decolando num pico de 3,5 m em Sunset. Estávamos surfando juntos numa bateria, e eu estava a uns 3 m dele mais para fora, quando ele se virou para pegar a onda. Ele realmente precisava passar aquela bateria e estava preparado para se arriscar, mas aquela onda era bem pesada. O vento terral soprava a uns 25 nós/h [equivalente a 46 km/h], e pensei que eu estava muito atrasado para pegar a onda, então remei por cima dela, buscando a próxima. Munga estava bem atrás de mim, deu a volta e foi. Não pude acreditar naquilo. Estava certo de que ele tinha se matado, mas aquela despencada acabou produzindo uma das melhores fotos de surfe de todos os tempos. Sempre me lembrarei de quão maluco achei que ele era para pegar aquela onda, mas ele completou a descida e tirou nove e alguma coisa. Ele tinha uma nota nove e uma um, e passou aquela bateria.

Numa outra oportunidade, eu estava conversando com Brock Little e ele me contava sobre surfar em Cave Rock, na África do Sul, com Munga. Olha só, Munga nunca chegou a ser um *top* 10 no *tour*, e algumas pessoas nem sabem seu nome, mas o cara tinha um enorme conhecimento e aptidão para encontrar tubos grandes e perfeitos e atacá-los de fato. Brock disse que Munga estava remando para fora e este pico enorme e perfeito veio. Ele estava muito atrasado para completar a descida, mas se virou, ficou de pé e caiu lá do céu. Ele remou de volta e Brock pergunta: "Por que fez aquilo? Você não tinha chance nenhuma de completar a onda.". E Munga apenas encolheu os ombros e disse: "Eu tinha que tentar.".

É aquela coisa, você nunca saberá se você não for. Você nunca sabe o quanto pode estender os limites até fazer algo como aquilo e completar. Pensei nisso em quase todas as ondas que completei. Perguntei a mim mesmo se poderia ter ficado um pouquinho mais para o fundo ou ido um pouco mais alto num aéreo. Sempre existe espaço para o aprimoramento. É uma coisa obsessiva/compulsiva, mas é também o que os competidores fazem, é o que as pessoas que estão buscando um verdadeiro desafio fazem.

O drop atrasado de Munga em Sunset.

No detalhe: a dupla de tow in KS e Chris Malloy, Cortes Bank.

CORTES BANK

Eu estava em Laguna Beach num dia à tarde, quando recebi um telefonema de Chris Malloy. Ele disse que estavam indo para Cortes Bank, o vento estaria perfeito e a ondulação, enorme. Fiquei magnetizado por aquele lugar desde quando Brad Gerlach, Mike "Snipes" Parsons e Peter Mel surfaram ondas sensacionais lá. Eu tinha que voltar a Los Angeles, pegar minhas coisas, e depois ir novamente para Dana Point pegar o barco tarde da noite. Chris e eu entramos no barco com o fotógrafo Rob Brown e um bando de gente. Nós estávamos partindo à meia noite, então antes passei no Del Taco perto da marina em Dana Point, o único lugar aberto àquela hora (e depois dessa história, acho que não irei conseguir um patrocínio do Del Taco!). Partimos, o oceano estava calmo e bonito, e me deitei para dormir junto da amurada superior do barco. Comecei a me sentir um pouco enjoado, o que normalmente consigo controlar, mas eu estava exposto à fumaça da casa das máquinas. Fiquei tão mal que tive que levantar minha cabeça e vomitar por cima da borda umas vinte vezes. Quando chegamos lá, tudo o que eu queria fazer era sair do barco. Mas não havia proteção, não era possível encontrar águas calmas, não havia onde se esconder. Estava me sentindo tão mal no barco, que pensei que talvez pudesse me sentir melhor no barco grande da Billabong Odyssey, mas lá havia um problema sério de esgoto. O fedor de cocô e químicos era horrível, então decidi que a única coisa a fazer era pular no mar e surfar.

Estava fácil, com séries de apenas 3 m. Havia uns seis *jet skis*, então peguei minha prancha de *tow in* amarela e Chris e Shane Dorian iam me rebocando. De repente essa onda se levantou na bancada no momento em que eu estava entrando nela. Não parecia tão grande, mas acabou sendo uma das maiores do dia. Lembro de pensar que deveria botar pra dentro do tubo, mas estava muito fraco para aguentar a vaca, então fui reto. Na foto parece enorme. Terminou sendo um anúncio de roupa de borracha.

VOCÊ NÃO VAI!

Nos meus primeiros anos no Havaí, muitos dos meus amigos mandavam ver em ondas grandes. Quando Jack Johnson e Benji Weatherly tinham uns catorze anos, atacavam a segunda bancada de Pipe. Mesmo que Jack tenda a me animar e dizer que os alcancei rapidamente, aqueles caras estavam surfando ondas maiores que eu durante os primeiros anos em que os conheci, ainda que eu fosse alguns anos mais velho. Eles nunca pareciam estar assustados.

Uma parte de nós surfou em um bom número de sessões na baía de Waimea com ondas pequenas ou médias. Nosso objetivo era sempre escolher um frequentador assíduo de Waimea e ninguém podia descer ondas mais à frente do que ele. Você tinha que estar mais adentro do que ele. Nós tínhamos um monte de brincadeiras como o "Você não vai". Toda vez que você estivesse olhando para baixo de uma parede bem em pé, no último segundo, alguém dizia "Você não vai", então você tinha que ir, caso contrário seria uma "mulherzinha". Era apenas um truque para incentivarmos uns aos outros.

Outra brincadeira era o CRPB, ou Campeonato de Remada Para *Backdoor*. As regras eram não haver regras. Você podia agarrar a cordinha do outro e puxá-lo de volta para o buraco da onda, qualquer coisa valia para ser o primeiro cara a passar a arrebentação. Nós fazíamos isso em vez de remarmos por Pipe, onde tem uma espécie de canal, que permite passar a arrebentação com o cabelo seco. Simplesmente tornávamos a remada o mais difícil possível para nós. Taylor Steele ficava na praia filmando tudo e depois todos nós íamos ver as imagens na casa do Benji na mesma noite. Era na verdade uma excelente maneira de se sentir confortável naquela seção da bancada. Isso tornava as coisas divertidas, uma situação perigosa parecia não ser preocupante. Com o tempo nos ajudou a perceber onde a energia da onda estava em relação à bancada, por onde devíamos prosseguir de maneira a não nos machucarmos.

Acima:
Cortes
Bank.

Do lado oposto:
Jaws.

SOBRE A MORTE

Quando Donny Solomon morreu em Waimea, em 1995, foi assustador porque foi muito real.

Ele era um amigo próximo e agora se foi, não vai voltar. Valeu a pena por aquela sessão em particular? Será que sua vida não valia mais que aquilo? Essas questões surgem continuamente porque nós tivemos três amigos mortos em menos de três anos. Acho que aquele período entre 1994 e 1997 nos acordou. Não sei que efeito teve no Brock, que sempre foi o mais atirado de nós. Acho que, talvez, ele tenha dado uma aliviada porque a morte de Donnie deixou tudo muito real para ele.

Mark Foo e Todd Chesser eram espécimes fisicamente impressionantes que pareciam não se ferir nunca. Chesser parecia invencível. Fazia mil abdominais por dia e exercícios respiratórios – ficar em forma para as ondas grandes era tudo que importava para ele. E Foo já havia enfrentado Waimea fechando tantas vezes que era inimaginável a possibilidade de ele morrer num dia de 4,5 m em Mavericks.

Jamie Brisick (ex-profissional e autor de livros sobre surfe) se afogou num dia de 0,5 m em Ventura. Ele foi atingido na cabeça por sua prancha, se afogou e alguém o reanimou. Um bombeiro viu quando ele afundou e aplicou RCP (reanimação cardiopulmonar) na praia. Ou seja, você nunca sabe. As pessoas se machucam com mais frequência nos dias menores. Penso que todos esses incidentes fizeram que puséssemos na balança a coisa toda. Que foto, que adrenalina, que medalha de honra vale o risco?

O falecido Donny Solomon.

Para mim a resposta é ser calculista, especialmente quando a situação estiver difícil. Preste atenção no que as boias indicam, saiba bem onde se posicionar e concentre-se bastante. Acredito que, quando se surfa em um lugar como Himalayas, por você estar tão longe da costa, seus pontos de referência são as montanhas. Você não consegue enxergar direito a bancada, então tem que prestar atenção nas bolhas, na cor da água. Tem que ir se aproximando com cuidado; não saia simplesmente lá pra fora e reme fundo para dentro da bancada. Na última hora, qual foi a maior onda que entrou e onde ela quebrou? Que forma tinha comparada às menores? Quando você estiver surfando em uma bancada em mar aberto com ondas de 7,5 m, vai precisar todas essas informações porque a crista vai quebrar lá de cima indo direto para baixo. Se for pego no meio da zona de impacto, tem que saber em que direção remar para chegar ao lugar em que a energia está se dispersando mais, para que possa passar por baixo dela. É tudo uma questão de cálculos.

Tomei alguns caldos que me deixaram um pouco apavorado, com duas ou três ondas diferentes passando por cima, mas não a ponto de eu ter engolido água. Não acho que estava prestes a me afogar, mas fiquei completamente sem fôlego, assustado e muito agradecido por a onda de ter me deixado voltar à superfície naquele momento. Tive dois desses em Mavericks. Num deles, nem fui pego dentro da bancada. Surfei a primeira onda da série e a espuma da segunda me atingiu. Era um dia de ondas de 3 m e eu estava surfando com Jeff Clark (o pioneiro de Mavericks). Desci bem atrás na única de 4,5 m que entrou naquele dia e fui reto. Eu não tinha surfado em Mavericks antes e Jeff me disse que não poderia surfar no campeonato se não entrasse e pegasse uma no pico antes.

Então peguei um voo até lá e era isso que eu estava fazendo naquela onda quando pulei fora e a seguinte passou por cima de mim. Aquela onda era assustadora, pois sua energia não parecia se dissipar até que ela passasse através das pedras. No lugar em que se entra nela, a onda está dando aquela aliviada devido à água profunda, mas, então, no interior da bancada fica raso novamente e ela dobra de tamanho. De qualquer maneira, essa coisa simplesmente me levantou, me jogou lá de cima com a espuma e me empurrou para o fundo. O problema era que eu não estava esperando o caldo. Já passei por ondas com quase o dobro daquele tamanho e isso nunca chegou a ser um problema. Jeff Clark estava num *jet ski* e passou por cima de onde eu estava duas vezes antes que eu surgisse na superfície. Remei para fora de novo e peguei mais uma onda apenas pra não sair derrotado, mas eu estava muito abalado.

Isso me fez entender melhor o que poderia ter acontecido com Foo. Ele teve sua cordinha presa no fundo. Foi apenas questão de má-sorte e isso não há como controlar. Donny tentou remar por cima de uma onda de 6 m e despencou de costas lá de cima. O caso de Chesser foi o que realmente me assustou, porque ele estava bem preparado e com muita vontade. Não tinha medo de nada, mas recebeu na cabeça toda a energia de uma onda enorme em Outside Alligator Rock, perto da baía de Waimea, e foi atingido por, talvez, umas dez ondas de 10 m. Derek Ho avistou a série enquanto estava dirigindo morro abaixo, e disse que nunca viu tantas ondas empilhadas. Os outros caras que estavam na água disseram ter visto Todd subir depois da primeira, balançar a cabeça, mergulhar e nunca mais subir de novo.

Isso realmente me deu uma sacudida. Lembro-me de conversar depois com Shane Dorian e ele dizer: "Não vale a pena.". E quando o Malik (Joyeux) morreu (em Pipe, em 2005), isso foi reforçado novamente. Foi algo tão esquisito. Sessenta caras na água num dia de ondas de 2,5 m e a vaca não parecia ter sido tão grande pelas fotos. Caras tomam vacas assim o dia inteiro, mas nunca se sabe quando vai bater a cabeça.

Com a nossa vida de surfistas viajantes, conhecemos milhares de pessoas ao redor do mundo, então as chances de um amigo morrer aumentam muito. Essa é uma realidade horrível da comunidade do surfe, mas uma coisa positiva que resulta disso é que nos unimos perante ela.

A bola de espuma de Cloudbreak.

ANDANDO NO TUBO

Nesta foto estou na bola de espuma em Cloudbreak, no que eu chamaria de uma onda de 2,5 m. Você provavelmente diria que é um pouco maior. Todos os pros tinham voado desde o Taiti para o Quiksilver Pro, mas ainda faltavam dois dias para o início do período de espera, então não podiam começar o evento. Nós havíamos visto a ondulação no mapa e buscamos por ela, mas ainda não era possível rolar o Pro, e Rod Brooks (diretor de prova) estava estressado por causa disso. Estava simplesmente perfeito, nenhum pingo fora do lugar.

Foram surfadas ondas muito boas naquele dia, e peguei duas que realmente se destacaram. Em uma das ondas registradas por Hornbaker, Rob Machado está remando para fora em primeiro plano; e a outra é esta, à direita. Lembro de ter pensado que estava mais para o fundo, mas que, de qualquer jeito, conseguiria um tanto de velocidade logo depois da cavada e, esperançosamente, daria uma bombada ou duas para me ajudar a passar através dela. Alguém jogou um pouco de espuma em cima de mim, e dava para ver um candelabro de água passando pela onda. Acho que foi Taj Burrow, porque me lembro dele me falando que considerou entrar nesta onda, mas não achou possível completá-la. Do minuto em que entrei na onda em diante, achei que iria me ferrar, mas aí, por um segundo, pensei que iria conseguir. Acabei não completando, mas foi uma das ondas mais insanas que já surfei lá.

Shaun Tomson provavelmente vai me matar por dizer isso, mas quando eu tinha uns catorze anos, estava surfando em Rocky Rights – a primeira vez que fui para a direita em Rocky Point porque pensava que iria morrer se fosse muito perto das pedras – e vi Shaun entrar numa onda com um tubinho perfeito bem a sua frente. Ele teria que entrar pela porta dos fundos, mas, em vez disso, saiu por dentro da onda. Fiquei estupefato porque eu teria dado tudo por aquela onda. Ele deve ter julgado que não seria capaz de completá-la, mas eu tinha certeza de que ele conseguiria.

Para entender o que Shaun fez, foi preciso ficar um pouco mais velho e ver filmagens dele surfando na bola de espuma. Acredito que, sendo da Flórida, eu tinha mais a ver com manobras do que com tubos, ainda que sonhasse muito com estes últimos. Num dia bom em Sebastian Inlet, tentávamos fazer curvas dentro do tubo como Cheyne Horan. Não sabíamos que aquelas curvas tinham uma razão; apenas nos sacudíamos para cima e para baixo da forma que achávamos que Cheyne fazia. Agora, vejo as primeiras filmagens de Shaun em Backdoor e Off The Wall, e percebo que sua maneira de andar no tubo estava muito à frente do que qualquer outro fazia naquele tempo. Ele ficava tão fundo em monoquilhas quanto a maioria dos caras fica hoje em triquilhas.

Shaun criou a frase "o tempo para quando você está no tubo", e ainda que não compre essa ideia plenamente, entendo a sensação – quando você se torna absolutamente consciente de uma coisa que está acontecendo, fica tão focado que parece que isso se passa em câmara lenta, pois as coisas são percebidas perifericamente. Você vê muito mais.

Também ocorre uma privação dos sentidos. Eu nem poderia dizer a você com o que isso se parece. Meus ouvidos desligam quando estou no tubo. Quando sento aqui falando disso, não posso nem resgatar o som. Posso dizer como é a sensação dos meus dedos tocando a face da onda e o que sinto nos meus pés quando a onda puxa a minha prancha. Posso dizer como é a sensação enquanto acumulo a energia no meu corpo e me agacho mais à medida que subo na face da onda. Gosto de pensar que flutuo no tubo como se fosse uma chita ou um leão caçando sua presa. Seu corpo está se movendo muito rápido, mas sua cabeça não se mexe; fica em um único lugar. Na realidade, trata-se mesmo de manter o foco e a posição, enquanto você descobre o que onda vai fazer à frente. Se for um tubo bem quadrado e a crista estiver caindo direto para baixo, você vai sentir o impacto. Se for mais parecido com uma amêndoa e te jogar em direção ao meio da face, não vai mandar esta espuma turbulenta na sua direção, assim fica um pouco mais fácil flutuar mais ao fundo.

Mundaka. Esta foto foi tirada no dia em que Shane e Lisa Dorian tiveram o bebê deles, Jackson. Dormi no carro até que a maré baixasse o suficiente para poder surfar, sendo que eu tinha chegado da França na noite anterior e dormido mal. Estava lotado, mas mesmo pegando apenas uma onda como essa, vale a pena dirigir da França até o sul. O fato de o arco-íris aparecer no tubo é bem legal. Ouro no final deste.

Às vezes a onda inteira vai formar uma cascata nela mesma e terá candelabros de água caindo em você. Neste momento você não quer se mover de jeito nenhum. Sua linha tem que estar determinada para que você não dependa de suas quilhas impulsionando contra a turbulência. Nas situações mais intensas dentro do tubo, você tem de ficar calmo, não reagir à onda, apenas ficar em pé sobre sua prancha e esperar. Há um ponto em que você deve deixar de reagir a uma situação. É um momento em que é preciso acreditar no que já fez e deixar que isso faça o resto do trabalho.

Acredito que todo surfista tem uma história sobre o melhor tubo e aqui está a minha. O primeiro do qual saí cuspido. Foi em Sunset Point, com uma ondulação de oeste de 1 m a 1,5 m, e eu estava surfando com Matty Liu, conhecido por entrar na onda de seus amigos. Em Sunset, numa ondulação de oeste, pode-se encontrar uma seção bem oca, mas pode ser difícil de se posicionar para ela. Uma onda veio e ambos remamos, e Matty desceu na minha frente. A coisa emparedou, começou a jogar um tubo e eu estava bem atrás dele. As únicas opções que eu tinha eram ir reto ou botar para dentro do tubo. Matty saiu por cima no último segundo e eu resolvi botar para dentro do tubo. Não era uma onda muito grande, mas era duas vezes meu tamanho naquele tempo e eu estava assustado. Era a primeira vez que sentia a onda me sugar para dentro e depois me expelir para fora no final. Saí com meus braços no ar, comemorando o feito duplamente! Tenho certeza de que peguei tubos suficientes antes daquele, mas aquela foi a primeira vez que realmente experimentei a sensação. Eu tinha catorze anos.

ONDAS QUE VOCÊ NÃO PODE COMPLETAR

Acredito que muitas pessoas passam por aquele período em que entram em ondas que sabem que não irão completar. A diferença é que pode ser uma onda de 30 cm ou 15 m. Eu era o cara que estava mais próximo de Flea Virotzko quando ele entrou e despencou no ar daquela, agora famosa, onda no campeonato do Eddie em 2004. Eu estava a 6 m de distância quando ele aterrissou na base do tubo. Flea ficou em pé naquela onda sabendo que tinha chance zero de completá-la. Era uma face de 12 m e ele continuou remando para dentro dela, sabendo que não havia chance alguma. Acredito que completar uma onda espantosa é algo de que você e as pessoas que viram o feito irão se lembrar para sempre, mas tomar uma vaca numa onda espantosa também é algo de que todo mundo irá se lembrar.

A vaca do falecido Jay Moriarity em Mavericks é possivelmente a maior de todos os tempos, mas, junto a ela, a de Flea está bem no topo da lista. Mas, quer saber? Ambos voltaram à tona e remaram para fora novamente. Na onda seguinte, Flea despencou de lá de cima mais uma vez. Escapou ileso naquele dia. Estava arriscando sua vida, mas tinha confiança para se safar. Algumas vezes remo em Pipeline e me sinto invencível por, talvez, meia hora. Aí, o barato da adrenalina vai passando, começo a conversar com outras pessoas e me distraio. Outras vezes começo distraído e vou me inflando até achar que sou invencível. De um jeito ou de outro, isso não dura para sempre e você não pode confiar nessa sensação. ISSO é burrice.

Shaun Tomson (surfista campeão mundial, bom de tubo)

Quando você acompanha a evolução de se andar no tubo – começando lá atrás com Conrad Cunha e Sammy Lee em Ala Moana, passando pelos primeiros caras de Pipe, como Butch Van Artsdalen e Jock Sutherland, e daí para Gerry Lopez –, penso que houve uma significativa mudança quando apareci, porque quebrei a linha e fiz manobras dentro do tubo. Fui também o primeiro cara a realmente surfar o tubo de costas para a onda em Pipe. Claro, havia caras mandando uma grande cavada e esperando que tudo desse certo, mas não havia técnica de se surfar de costas para a onda. Acredito que o que o Kelly trouxe para o surfe foi uma técnica de surfar o tubo de costas para a onda. Partiu do ponto em que parei e avançou. Seu estilo, de joelho baixo com a borda agarrada, foi uma grande evolução a partir do que eu estava fazendo. A questão de entubar, que 99% dos surfistas, até mesmo os grandes, não entendem, é que isso corresponde a uma técnica mental. Trata-se, sobretudo, de intuição, de controlar tempo e espaço. Kelly dominou tudo isso. Ele opera no tubo em um espaço rarefeito, muito à frente da matilha.

Ele está indo muito mais rápido do que eu fui. Minhas pranchas eram de cavidade dupla, similares ao que os caras usam para surfar hoje, mas a disposição multiquilhas permite gerar muito mais velocidade. Kelly acelera a prancha dentro do tubo. Quando você olha para outros grandes surfistas de tubos de frente para a onda, como Joel Parkinson, Mick Fanning e Andy Irons, você vê que o pé da frente está achatado, e o de trás, torcido. O pé da frente está plantado em cima da cavidade e o pé de trás é usado para manter a pressão na borda interna. Mas quando seu pé está posicionado desse jeito, não existe controle de borda para borda; você está mantendo uma boa posição. Os pés de Kelly estão geralmente colados na prancha e ele acelera de borda para borda. Para ele, o tempo se expande no tubo porque seu controle maior permite que ele reaja mais rápido. E ele está apenas começando. Quando abandonar o ciclo competitivo, acho que veremos o surfe mais criativo de sua carreira.

Cerimônia de abertura do Eddie Aikau.

O Eddie é uma parte muito importante do surfe havaiano.

Eddie Aikau é possivelmente a segunda figura mais importante do surfe havaiano depois de Duke Kahanamoku. Ele supervisionou centenas de resgates e ensinou muitas pessoas a salvar vidas, antes de perder a sua de forma muito trágica em 1978, tentando salvar as de seus companheiros tripulantes. Ele tem que ser um dos mais respeitados homens do mar de todos os tempos. O evento carrega toda essa tradição. Remar para fora na baía e ser incluído naquela lista de grandes homens do mar é uma honra enorme. Vencer o Eddie fez eu me sentir mais parte daquela comunidade. Passei um bom tempo apenas vagando ao redor do evento, cumprimentando os caras por quem sempre tive respeito. E o espírito daqueles amigos que se foram surfando ondas grandes também está lá presente.

No ano em que venci, estava na primeira bateria do dia e fui o primeiro a me posicionar lá fora. Uma série entrou com uns 6 m para mais e eu estava bem no local certo para entrar na onda, mas não sabia se a bateria já tinha começado. Foi a primeira vez que fiquei sozinho no pico em Waimea, o que realmente me testou, porque tive que confiar totalmente no meu próprio conhecimento sobre o local de posicionamento. Virei e peguei aquela onda, a primeira do evento. Foi só mais tarde que percebi o quanto aquilo havia sido especial. Uma bela manhã de vento terral com uma ondulação de 6 m e você é o único sentado no pico.

Descendo uma face limpa em Waimea, Braden Dias, no rabo, indeciso.

Esta sequência é do evento de Teahupoo na primeira vez em que venci lá, em 2000. Acho que foi na final contra Shane Dorian, num dia que estava mais "surfável" do que o típico banquete de tubos. Nesta sequência de lances, na foto 3 parece que estou um pouco preso e na foto 4 estou tentando estabilizar e ir pra baixo despencando no ar. Naquele momento eu devia estar em cima da minha prancha, avaliando o quão longe a onda iria me despejar e onde ela me deixaria aterrissar. Minhas pernas estão comprimidas enquanto me solto no ar e, então, instantaneamente tenho que esticá-las para permanecer atrelado à minha prancha. Lembro de aterrissar com rapidez e sair surfando reto para frente, surpreso por tê-la completado de uma maneira tão limpa. Na foto 6, a crista está batendo no meu ombro e, ao chegar na última foto, já estou liberado e pronto para virar de novo. No fim, você pode ver a surpresa expressa na minha linguagem corporal. Na realidade, se eu visse apenas a última foto, estaria me perguntando por que estou parado lá nesta postura um tanto quanto patética.

Pelo dinheiro

Minha vida como surfista profissional

Celebrando o sexto título mundial, Pipeline Masters, 1998

PRIMÓRDIOS

Na verdade, acredito que é mais fácil se tornar um bom surfista quando você começa em ondas pequenas e lentas. Na Flórida as ondas são pequenas e lentas, mas quebram mais longe da praia do que na maioria dos lugares na Califórnia, então você surfa por uma distância maior. Senti que foi mais fácil transferir minhas habilidades dessas ondas para ondas maiores e mais rápidas, do que o contrário.

Se você é da Flórida, gradua para o Caribe, que hoje em dia não me anima muito, a não ser que haja uma ondulação massiva. Um garoto do Havaí ao ir para lá teria a mesma impressão, mas, quando eu era moleque, todos os lugares eram uma aventura para mim.

Investindo no Superbank, Quiksilver Pro, Gold Coast, 2008.

VIRANDO PRO

Há dois eventos que

considero o prenúncio de minha chegada como um pro. O primeiro foi o Body Glove Surfbout em Trestles, na Califórnia, no Bud Tour de 1990, e o segundo foi o Rip Curl Pro, em Hossegor, na França, em 1992, quando derrotei o australiano Gary Elkerton para obter minha primeira vitória no ASP Pro Tour. Esses eventos representaram dois enormes degraus para mim, igualmente importantes e estimulantes. Em Trestles, enfrentei os melhores dos Estados Unidos e as ondas estavam perfeitas; até hoje são as melhores ondas para esse tipo de evento lá. Nós estávamos entubando em Trestles! Este foi o degrau que me conduziu para dentro do circuito mundial e a um patrocínio da Quiksilver. Na verdade, assinei o contrato na praia durante o campeonato. Além disso, depois de vencer Gary Elkerton em Hossegor, senti que realmente tinha conseguido me tornar um pro.

No início da minha carreira fiz alguns comentários imprudentes sobre o nível do surfe no *tour*. Eu não achava que era assim tão bom. Acreditava que o nível do surfe estava estagnado e entediante. Havia uma enorme distância entre o que estava sendo feito e o que podia ser feito, e achei que havia uma boa chance de vencer um título mundial. Muitas coisas estavam mudando naquele tempo.

Sempre houve certa distância entre eu e vários surfistas no *tour*, porque não bebo nem uso drogas. Para alguns caras no *tour*, me ver tomar uma cerveja é como se o sol tivesse acabado de nascer. Ficam tão animados, do tipo: "Uou, ele é um de nós!". Realmente não é algo assim tão importante – tomo uma cerveja de vez em quando, só não é esse o meu estilo de vida. Não é o que realmente curto fazer. Não gosto de me sentir mal de manhã. Vi meu pai ficar bêbado todos os dias e não entendo qual é a graça. Mas todo mundo tem que dar uma liberada de vez em quando, deixar a pressão baixar, e se você não puder fazer isso mentalmente e emocionalmente, tem que fazer fisicamente.

Nenhum dos americanos que começaram comigo – Ross Williams, Shane Dorian, Taylor Knox – realmente detonava muito. Não tínhamos nenhum grande vício. Nós surfávamos. Já os australianos eram muito festeiros, especialmente a turma dos mais velhos.

O surfe dos caras mais velhos não me assustava. O que me assustava era a ideia de quem eles eram – os Pottzes e os Kongs. O competidor mais casca-grossa era, de longe, Robbie Bain, da Austrália. Ele remava direto para você, encarava, espirrava água, fazia de tudo. Mas a coisa engraçada é que isso me fez perceber o quanto ele sentia medo. Isso não me fez pensar que ele era casca-grossa, mas sim que ele estava aterrorizado em perder. Depois que percebi isso, não deixei que me intimidasse mais.

Logo cedo, aprendi uma lição em Sunset. Saí, festejei na noite anterior ao evento, bebi demais, e, de manhãzinha, alguém me acordou e disse que o campeonato ia acontecer e que eu tinha que surfar na primeira bateria. Corri para a praia e as ondas estavam na ponta da praia e pequenas. A previsão era de que o mar iria subir, mas eu tive que surfar num mar minúsculo. Passei, fui para casa, descansei, voltei e estava quase 2 m. Para as finais, já havia aumentado para 2,5 m a 3 m e continuei pensando: "que sorte que levantei da cama e surfei aquela primeira bateria". Era uma ondulação perfeita, com um pouco de norte nela, então dava para surfar numa prancha menor. Naquele dia, provavelmente peguei a melhor onda que já surfei em Sunset. Shane Dorian venceu o campeonato e fiquei em terceiro. Mas a lição que aprendi é que você deve focar o evento inteiro, não interesse como estejam as condições.

A caminho da primeira vitória pro, Body Glove Surfbout, Lower Trestles, 1990.

John Shimooka (ex-surfista pro)

Conheci Kelly exatamente em 1984, no campeonato nacional em Makaha. Ele era menor do que eu. Você olha para ele agora e pergunta: "raios, como é possível?" Mas ele era. Era apenas um garoto minúsculo rasgando ondas. A atenção da mídia estava longe de ser o que é hoje, mas, definitivamente, você podia ver que ele se destacava. Ele tinha doze anos e eu quase quinze, mas ele estava lá em cima com a gente.

Sunny e eu éramos algo como o primeiro e o segundo no Havaí, e ser derrotado por esse pequeno merdinha da Costa Leste em Makaha... bem, isso teria sido um pesadelo, mas por sorte estávamos em diferentes divisões por idade! Kelly deixava seu surfe falar por ele, muito quieto, mas bem amigável. Ele simplesmente parecia estar se divertindo.

No início, não acredito que nós tenhamos entendido que se tratava de um "fenômeno", mas ele tinha algo a mais. A maneira que desenhava sua linha na onda com aquela idade era incrível. Kelly fluía de uma manobra para outra, com muito controle. Pensar nisso agora, a primeira alusão ao melhor surfe que você irá ver em sua vida, é de arrepiar.

Rod Brooks (diretor de prova)

Nós estávamos fazendo o campeonato em duas bancadas ao mesmo tempo em Fistral (no Mundial Amador de 1986), eram 84 baterias por dia, por dez horas consecutivas. Ao fim de sua bateria, Kelly ficou na água por nove minutos antes da próxima bateria. Por fim, ele entrou numa onda, ficou de joelhos e fez um *"el rollo"*, um giro de 360 graus com a onda, o qual um dos juízes considerou ser uma infração, por ficar em pé na prancha para surfar uma onda após o término da bateria. Isso resultou numa acalorada discussão na plataforma de julgamento, mas o juiz que apontou a infração não mudou de ideia. Como diretor de prova, fiquei responsável pela confirmação do livro de regras e Kelly foi eliminado daquela categoria, que era a Seniors. Isso causou um baita nervosismo para a equipe dos Estados Unidos e para Kelly em particular, de maneira que nosso relacionamento começou de uma maneira bem acidentada. (Kelly comenta: eu apenas via o Rod como um *aussie* [australiano] que não queria que eu vencesse de jeito nenhum.)

Dava prazer observar sua coordenação, com o peso em ambos os pés e controle total em suas curvas, equilíbrio perfeito acima dos pés e uma habilidade de colocar todo o peso nas suas manobras. Ele tinha um ajuste de peso natural muito bom sobre o meio de sua prancha. Isso me impressiona até hoje.

Com os camaradas de golfe, John Shimooka (à esquerda) e Pat O'Connell (centro).

CAMPEÃO DO MUNDO

Eu havia concentrado toda a minha ambição em ganhar um título mundial

no meu primeiro ano completo como estreante, 1992, e após a França parecia que isso era possível. Na realidade, faturei o título no Brasil, quando Sunny Garcia, o último na disputa com chances de me alcançar, perdeu. Fiquei extasiado, é claro, aos vinte anos, eu era o campeão mundial mais jovem da história do surfe profissional, mas ainda tínhamos que finalizar a temporada com o evento mais importante do ano, o Pipeline Masters.

Senti que havia provado a mim mesmo que eu era capaz com uma aparição corajosa em Pipe no ano anterior, mas estava determinado a vencer o título mundial com estilo. Cheguei à final com outros três competidores, mas foi um momento triste e alegre ao mesmo tempo, pois Sunny Garcia, que havia se tornado líder na metade da bateria, se machucou e foi para o hospital com uma concussão. Com dois ou três minutos faltando, o ausente Sunny continuava na liderança, e eu precisava de uma nota relativamente baixa, três ou quatro, para vencer. Éramos eu, o local de Pipe Liam McNamara e o australiano Barton Lynch. Então, Liam começou a me dizer, "vamos bloquear o Barton e trazer o título de volta para o Havaí.". Senti-me ofendido pessoalmente por aquilo, e para piorar Liam afirmou que estava em primeiro. Eu sabia que aquilo não estava certo, mas não sabia se eram táticas ou se tinha ouvido errado. Então eu falei, "tudo bem, se você quer trazer o título de volta para o Havaí, não vamos pegar nenhuma onda e deixar o Sunny vencer.". Ele disse, "não, vamos bloquear o Barton.". Eu estava na liderança! Não iria fazer aquilo. Talvez parasse de pegar ondas e deixasse Sunny vencer, mas não era isso que Liam tinha em mente. Então uma onda pequena veio e eu peguei. Surfei uma porcaria de marola e derrotei um cara que estava estirado numa maca. Fiquei confuso diante de tudo isso, mas havia vencido meu primeiro Pipeline Masters e meu primeiro título mundial.

O amigo e rival Rob Machado faz Pipeline parecer casual.

VENCENDO

Em 1995, realmente aprendi o que era

brigar por um título mundial. Rob Machado havia vencido três eventos, Sunny um par deles, e eu, um, antes de chegar a Pipeline. Estávamos os três à frente indo para o Brasil e depois teríamos um mês livre antes de Pipeline. Eu já imaginava o cenário. Se Sunny tirasse nono lugar, eu tinha que vencer. Se Rob ficasse em terceiro, ou melhor colocado, nem uma vitória me levaria ao título.

Occy (Mark Occhilupo) estava retornando e foi convidado para o evento. Ele encontrou Sunny na terceira rodada, justo antes da minha bateria. Era um dia só de esquerdas, o que favorecia Occy. Sua estratégia foi não ir atrás das maiores e mais insanas ondas, mas sim, pegar as de tamanho médio e fazer o trabalho que tinha de ser feito. Sunny admite ser muito melhor em Backdoor do que nas esquerdas e, quando as direitas não estão acontecendo, ele realmente demonstra sua frustração. Então, eu estava torcendo para que isso acontecesse. Tudo desmoronou para Sunny. Ele partiu sua cordinha numa onda que não era tão grande e teve que nadar. Enquanto isso, Occy tirava boas notas. Eu estava me preparando para minha bateria, não estava assistindo, e de repente a multidão soltou um urro. Me virei na expectativa de ver Sunny, mas era Occy acabando de finalizar uma onda. Supus que, para Occy conseguir ser ovacionado daquele jeito contra o herói local, tinha que ter sido uma onda muito boa.

Nesse momento, Occy estava começando a se estressar, porque foi feita uma grande campanha para que Sunny conquistasse o título e o próprio Sunny estava se gabando, dizendo coisas como "se isso fosse uma corrida de cavalos, eu não apostaria contra mim.". Occy estava seriamente preocupado em ser agredido. Faltavam dois ou três minutos, eu estava remando para fora, e de repente parecia que Occy iria entrar na onda de Sunny de propósito para ser punido por interferência e dar a bateria a Sunny. Quando cheguei mais perto, percebi que não era isso que ele estava fazendo. Ele estava incentivando Sunny a pegar as ondas. Dizia: "Pegue esta...vai!". Obviamente, sabia que estava colocando em risco as esperanças de um título mundial para Sunny, mas não havia nada que ele pudesse fazer. A bateria acabou e Sunny caiu fora do evento e da corrida pelo título mundial.

65

A razão pela qual o Pipe Masters é o campeonato mais excitante do mundo para os spectadores. KS dominando a cena.

Agora a pressão estava voltada para mim. Éramos todos velhos amigos de infância – eu, Sunny e Rob – mas isso havia dividido nossos amigos em três grupos. Rob e eu tínhamos o mesmo empresário, tocávamos música juntos e agora estávamos disputando o título mundial juntos. Começou a ficar um pouco estranho entre a gente. Estávamos no mesmo lado da chave, então acabamos nos encontrando na semifinal. Se ele vencesse, seria o campeão mundial. Se eu vencesse, teria que prosseguir e vencer a final. Jogamos *jokenpo* pela primeira onda. Acho que ganhei, mas era um dia irretocável, de picos. Estava claro que se a onda certa viesse, ele iria para a esquerda e eu para a direita. Penso que Backdoor geralmente dá uma nota maior que Pipeline, mas esse era um daqueles dias em que você poderia conseguir notas dez se fosse para qualquer lado. Acredito que aquela bateria foi uma verdadeira celebração do surfe num ambiente competitivo. Foi uma liberação de várias coisas não ditas entre nós. Pequenas coisas vinham se acumulando. Eu venci a bateria e Rob me cumprimentou na praia, sabendo que suas esperanças para o título continuavam vivas. No entanto, não me lembro dele me desejando boa sorte para a final.

Agora eu tinha que passar por Occy. Não sabia qual seria sua estratégia para a bateria, mas podia ver o estresse na sua cara, então remei para ele e disse, "Occ, você sabe o quanto vencer isso significa para mim, mas significa o mesmo tanto para você.". Minha intenção foi amigável e ele pareceu mais tranquilo depois disso. Então fui lá para fora e venci a bateria. Meus amigos me carregaram praia acima e eu era novamente o campeão do mundo.

Venci o título mundial de 1998 em circunstâncias parecidas contra os australianos Mick Campbell e Danny Wills. Mick e Danny saíram cedo do evento em Pipeline e eu tinha que ficar em terceiro, ou melhor colocado, para conquistar meu sexto título. Acabei enfrentando Rob de novo, nas quartas de final, e as ondas estavam similares, de 2 a 2,5 m quebrando para os dois lados. Rob sabia qual era a situação. Ele podia me ferrar, ou podia fazer corpo mole e prejudicar a todos os australianos. Não acho que ele nutria qualquer tipo de lealdade por eles, mas sem dúvida ele se sentia leal ao surfe. Ele tinha que ir lá para fora e fazer o seu trabalho. Então fui, venci a bateria e só depois ele me contou o que tinha acontecido. Ele havia telefonado para seu irmão mais velho Justin, que é um cara muito competitivo, e perguntado: "O que eu faço?". E Justin respondeu: "Rob, você vai lá fora e chuta a bunda dele.".

Quando cheguei à praia após a final, todos os meus amigos estavam lá e nos carregaram pela areia praia acima. Foi uma sensação incrível, mas realmente senti por Mick e Danny, que estavam na praia com suas famílias. Eles eram um time de verdade, posicionados em primeiro e segundo lugar do mundo naquele ano, liderando na chegada ao Havaí: trabalhavam juntos, treinavam juntos, viajavam juntos e eram totalmente motivados para vencer. Mas não era para acontecer.

Desde muito tempo, vários grandes surfistas ficaram sem títulos mundiais, como Cheyne Horan, Simon Anderson e Gary Elkerton. A maior parte dos fãs de surfe e provavelmente a maior parte dos caras no *tour* acreditam que Taj Burrow tem habilidade natural suficiente para conquistar um título mundial. Se ele possui a confiança e a habilidade competitiva, eu não sei. Até agora ele esteve perto, mas ainda estamos esperando para ver.

Algumas pessoas na vida simplesmente acreditam que o título mundial lhes pertence e que irão conquistá-lo. Sempre tive essa crença, mas nem sempre a verbalizava. Recentemente, Andy Irons, mais do que qualquer um, deixou claro que acreditava nisso. Tom Curren era muito mais sutil, mas sei que ele acreditava que aqueles títulos eram seus. Algumas pessoas são mais agressivas, outras mais submissas. Tendo a estar no lado menos agressivo, mas isso não quer dizer que acredito menos. Taylor Knox é possivelmente o melhor surfista da era moderna quando se trata de surfar de frente para a onda rasgando as paredes com as bordas cravadas na água e aplicando muita força nas manobras, mas alguns aspectos do seu surfe precisaram ser aprimorados. Sua evolução técnica mais notável foi a de entubar de costas para a onda – ele fez um ótimo trabalho em cima disso nos últimos anos. Ele também teve que aprimorar os aéreos e, mesmo assim, ainda não é conhecido como um aerialista. Você tem que ser capaz de mandar um grande aéreo invertido quando está atrás numa bateria. Taylor tem um surfe bonito, com as bordas cravadas na água, mas muito como o Tom Carroll, ele nunca pôde mandar um aéreo. No tempo do Tom podia-se ganhar títulos mundiais daquele jeito, mas agora provavelmente isso não é mais possível.

Rob Machado terminou como vice-campeão algumas vezes. Eu não acredito que a maioria das pessoas perceba o quanto Rob é competitivo, mas ele cresceu com um irmão mais velho que o vencia em tudo. É um cara assustadoramente competitivo e possuía a habilidade para conquistar um título mundial, mas talvez não quisesse isso o suficiente. Quem pode dizer exatamente por que isso acontece? Em termos práticos, talvez isso apenas signifique que não tiveram sorte.

Sim! O sexto título! KS escuta a nota que confirma a conquista.

Avançando rapidamente, agora para 2003,

PERDENDO

quando perdi em Pipeline para Andy Irons. Aquela derrota foi um dos processos mais exaustivos pelos quais já passei na minha vida. Eu realmente entendi o que se passou com Sunny, Rob, Mick, Danny, Shane Beschen e todos os caras que chegaram tão perto. Em 2003, meu sétimo título mundial estava ao meu alcance. Se eu não tivesse quebrado os ossos do meu pé e faltado ao evento de Fiji, talvez já tivesse o título, mas acabou ficando para o último dia em Pipeline. Luke Hitchings, Joel Parkinson e Andy Irons estavam na semifinal. Luke pegou uma das melhores ondas do campeonato, mas ele tinha só uma onda boa. Andy tinha algumas ondas razoáveis e Joel parecia já ter vencido a bateria convincentemente. Andy teve que impedir Luke de pegar uma segunda onda e colocá-lo fora da corrida do título.

Estava tão perto, mas aquela segunda onda nunca veio para Luke. Era o aniversário de meu pai. Ele tinha falecido justo no ano anterior e eu havia superado toda a emoção resultante e tido um dos meus melhores anos em termos de performance, para chegar até este ponto e ver a bolha estourar. Lembro de estar sentado na minha casa mais tarde, pensando; não posso imaginar um sentimento pior do que esse... ao menos na minha carreira. Tive empatia de verdade por aqueles outros caras e isso permitiu que eu crescesse muito. O que quero dizer é que tem muito ego envolvido. Eu estava escutando coisas como "Ele não é mais tão bom como era". "Os outros caras estão ultrapassando ele" – murmúrios desse tipo circulavam e estavam pesando na minha mente.

O fato é que perder permitiu que eu crescesse muito como pessoa, o que propiciou meu retorno em 2005 e a vitória. Quando me tornei campeão de novo, já tinha entendido muito melhor a mim mesmo e meus competidores, e me sentia muito mais confiante em diferentes situações. Fui capaz de respeitar as pessoas, não apenas como competidores e surfistas, mas como seres humanos e amigos.

Taylor Knox (surfista profissional, amigo)

Sem dúvida nenhuma, aquilo foi um grande impacto para ele, perder em 2003. Sentiu o mundo todo contra ele. É claro, o surfe não é o mundo todo; é apenas como um grão de areia. Mas quando você está no meio dele, pode parecer como se fosse o mundo todo. Você tem que se perguntar, "se eu quebrar minhas pernas e não puder surfar, isso significa que serei metade de um homem?". O surfe não é o que você é, é apenas uma coisa que você faz.

Kelly deve ser valorizado por todos os outros competidores por ter levado o surfe até onde ele levou. Nós poderíamos ter um campeão mundial que perdesse o controle e gerasse uma tonelada de críticas negativas na imprensa. Em vez disso, nós temos um cara que simplesmente faz que todos brilhemos.

Acima: uma foto que vale por mil palavras. Perder não é fácil. Pipe 2003.

Na página oposta: vencer, por outro lado, é muito bom. Bells 2008.

O sino é possivelmente o troféu mais importante no surfe.

BELLS

O troféu é o mesmo desde o início e resistiu ao teste do tempo. Como um sino é dado a cada ano, existem 35 pessoas no mundo que possuem um. Ganhei o sino pela primeira vez em 1994, na terceira vez que estive lá.

Nunca fui fã das ondas de Bells Beach, na tempestuosa costa sul da Austrália, mas é um lugar desafiador e um magnífico anfiteatro de onde se pode assistir ao surfe. Não é uma onda fácil de ser surfada, porque pode se iniciar um tanto quanto em pé para depois acelerar de maneira imprevisível, engordando em águas profundas e fechar toda no quebra-coco. É uma onda com muitas caras diferentes e você precisa encontrar uma prancha que funcione bem solta, como uma de tamanho pequeno, mas na qual possa também cravar as bordas na água. Acredito que o truque em Bells é não dar cavadas muito lá embaixo. Você tem que surfar mais alto na face. A parte inclinada da onda não começa até, pelo menos, o meio de sua face. Em Teahupoo e Pipeline a onda é tão inclinada que você mal consegue ficar na parede, por isso tem que virar lá embaixo. Em comparação, Bells é tão plana, que se você começar uma cavada, terá perdido toda sua velocidade na hora em que chegar ao topo.

Em 2005, jantei no Surfrider Café nas proximidades de Torquay e vi uma coleção de fotos que mostrava Bells ao longo dos anos. Uma foto em particular, a de Wayne Lynch dando uma virada de costas para a onda, me fez perceber que ele não estava cavando lá embaixo, estava sobre a face. Pensei, "Meu Deus, tenho surfado aqui todos esses anos e só agora descobri que não se pode surfar embaixo da onda.". A outra coisa é que você não pode surfar debaixo da crista. Você tem que surfar na frente dela, como eu faço em Jeffreys. Jeffreys é uma onda que corre, e se você ficar preso na crista, não vai aproveitar a melhor parte da onda. Bells não é tão inclinada ou rápida quanto Jeffreys, mas quando está muito boa, como em 2006, pode ser bem parecida.

Eu nem iria surfar o campeonato de Bells em 2006. Pensava em me aposentar e estava bem certo a respeito disso. Iria surfar apenas alguns campeonatos e Bells não era um deles. Mas pouco antes do campeonato chequei os mapas de previsão, vi que uma ondulação iria entrar e percebi que talvez esse fosse o melhor ano da história. No ano anterior foram nove dias de espera seguidos. Eu havia ficado em Sydney, surfando excelentes ondas de 3 m a 3,5 m, enquanto todo mundo estava sentado lá no sul, numa porcaria de 30 cm com vento maral. Eu falava com o Taylor Knox todas as manhãs para saber das condições e ele estava ficando muito frustrado com o fato de eu pegar todas aquelas ondas. Havia uma foto minha na capa de um dos jornais com a manchete: "Pro inferno com Bells, estou surfando a tempestade de Sydney". Como se eu tivesse dito aquilo! Aquele foi um ano tão ruim, nenhuma bateria foi feita em Bells, a primeira vez em 35 anos que aquilo aconteceu.

Rasgada limpa na face em Winkipop.

Mark Richards (tetracampeão mundial de surfe)

Perdi muitas vezes, mas quando realmente importava tive sorte suficiente para vencer. Para Kelly, acho que o momento em que perdeu o título por pouco em 2003 foi muito revelador, fizeram um vídeo dele chorando na ducha. Acredito que foi seu irmão quem disse, "Essa foi a primeira vez que Kelly não venceu algo que ele se determinou a vencer, a primeira vez que perdeu algo que realmente tinha um significado para ele.".

Eu tinha um conselho e estava decidido a dá-lo. Falei, "Você está realmente levando a sério ganhar o título neste ano?". Ele me disse que queria ganhar de verdade. Eu respondi, "Bem, você tem que deixar para trás essas coisas de Hollywood. Você perdeu o Quiksilver Pro porque foi curtir com aquelas loiras de peitos grandes no MTV Awards. Se você está levando a sério, tem que dar um tempo nessa merda.". Expliquei que eu tinha a sensação de que toda a situação havia mudado. Os outros competidores não estavam mais babando de admiração por Kelly, achavam que já sabiam como derrotá-lo e sabiam mesmo, a não ser que Kelly estivesse totalmente focado.

Mas em 2006, tudo estava se alinhando perfeitamente. Eu tinha a prancha que havia usado para vencer em Jeffreys Bay no ano anterior, quando provavelmente tive minha melhor performance num evento, então me sentia muito confiante nela. No último dia, já estava nas quartas, mas ainda tinham que fazer algumas baterias da rodada anterior, de maneira que Joel teria que surfar quatro vezes se chegasse à final. Até aquele momento eu nunca havia derrotado Joel homem a homem. E, então, ele chegou às quartas.

Rolou uma quarta de final realmente muito interessante entre Occy e Andy Irons. Agora, você, na verdade, não esperaria que Occy derrotasse Andy naqueles dias; Andy surfou muito, mas Occy estava em perfeita sincronia. Andy estava sentado lá fora com prioridade e Occy precisava de um 8,9 para vencer a bateria, com talvez sete minutos faltando. Então a série gigante entra, enquanto o *jet ski* está levando Occy de volta; ele salta fora, passa por pouco por cima da primeira e fica lá sentado esperando a segunda. Andy está muito para dentro, mas Occy está no lugar perfeito. Andy tem a prioridade e tudo que precisa fazer é entrar na onda, mas ela vinha jogando um tubo três vezes o seu tamanho quando chegou até ele, então não havia nada que pudesse ter feito. Occy pegou a onda, marcou um 9,9 e venceu. Ele acabou parando na segunda semifinal contra o Parko (Joel Parkinson).

Acontece que eu acho que Occy é o melhor surfista de Bells de todos os tempos e um dos meus sonhos era derrotá-lo lá numa final, mas derrotar Parko homem a homem seria igualmente satisfatório. Acabou que foi o Parko.

Todo mundo que escutou a narração *on-line* do evento de Bells em 2008 provavelmente sofreu uma lavagem cerebral dos comentaristas dizendo que eu era louco de remar na direção de Rincon, próximo do término da bateria. Eu tinha visto algumas ondas entrando, até mesmo antes da final, com a maré subindo, o mar baixando e Bede Durbidge sentado no pico com a prioridade. Tinha certeza de que minhas opções pareciam melhores subindo em direção à ponta da praia. Peguei uma pequeninha que não deu em nada e, enquanto remava de volta, uma boa entrou, mas eu estava fora de posição. Duas ondas depois, peguei uma e comecei com um aéreo. Aquilo devolveu a bateria para as minhas mãos, com o meu terceiro sino. Eu estava bem contente quando subi no *jet ski*, tinha dito a minha namorada que não desperdiçaria nossa viagem não vencendo, e isso se tornou realidade.

A maré estava ficando alta e as ondas se achatando bastante. A ondulação estava diminuindo um pouco e o vento soprando mais forte, tornando as condições bem difíceis para o surfe. Minha estratégia era ir lá para fora e pegar a primeira onda que entrasse. Com a maré enchendo rapidamente, talvez não viesse outra. Uma onda grande da série surgiu e pude ver que tinha uma parede bem inclinada. Saí da cavada na primeira virada, dei uma batida no topo e desapareci. Na segunda virada fiz a mesma coisa e na terceira virada tinha pela frente uma enorme parede se fechando e, então, pensei, "Devo rasgar esta coisa ou dar uma batida na crista? Se bato na crista, vou ser jogado para fora e com tanto vento não serei capaz de controlar a prancha.". Assim, tomei a decisão num milésimo de segundo e dei uma rasgada com a prancha cravada na onda, segurando a borda com minhas mãos até chegar lá embaixo, e quando cheguei, ainda faltava um pouco para completar a curva, e aí eu rasguei um pouco mais. Pensei comigo mesmo, "Essa onda vai valer bastante", mas eu não conseguia escutar as notas. Isso só foi possível dez minutos mais tarde, eu tinha recebido 9,67, e acredito que foi a melhor nota que já tive em Bells, certamente uma das melhores.

Venci o evento, subi ao palanque e segurei o sino, sacudindo que nem louco e, então, a tribo local de aborígenes subiu e pintou o meu rosto de ocre e me presenteou com um *didgeridoo*. A coisa toda foi bem mágica. Fiquei no local do evento até todo mundo ir embora, para que eu não tivesse que enfrentar o corredor polonês... e depois andei apenas 100 m até meu carro com o meu sino debaixo do braço.

F O C O

Acredito que às vezes preciso ter distrações para poder me manter

focado. Preciso sentir que estou fora da jogada para realmente dar uma acordada. Acho que o que aconteceu naquele primeiro campeonato em Snapper Rocks em 2005, e, na sequência, em Bells, foi o que me levou a focar e conquistar meu sétimo título mundial naquele ano. Não diria que essa foi a razão pela qual venci, mas foi parte da jornada. Tanto Mark Richards como Bruce Raymond foram também peças fundamentais dessa trajetória, com seus aconselhamentos tanto pessoais como profissionais. Eles me ajudaram a ver as coisas de outro ponto de vista. Outro ex-pro, Mitch Thorson, também contribuiu com muita coisa legal naquele ano. Na condição de competidor, você deve ter uma mente aberta, mas também deve ter sua própria maneira de fazer as coisas.

Houve um momento na Gold Coast em que eu estava tendo dificuldades e Bruce me fez sentar e me mostrou o que estava dando errado no meu surfe. Aquilo foi duro para mim, pois sempre achei que meu surfe simbolizava muito mais do que apenas surfe. As escolhas que faço na água revelam um quadro bem maior da minha vida. Bruce teve uma conversa de pai para filho comigo e me disse para simplificar as coisas para que elas melhorassem. Foi a informação certa no momento certo, porque se aplicava a muitas coisas na minha vida, não só ao meu surfe. Quando olho para o passado, para a minha carreira, aquele foi um momento profundo.

Sempre quis fazer uma foto que representasse o que passei com multidões ao longo dos anos em diferentes países. Pedi ao Sherm que pegasse sua câmera enquanto eu caminhava em meio à multidão, de volta para nossos carros em Mundaka, e este foi o resultado. Algo similar aconteceu na França em 1998, quando Jack Johnson estava viajando e filmando comigo. As pessoas batiam no nosso carro e não se moviam, me impedindo de dirigir para fora da área do campeonato. Foi uma sensação estranha ser o foco de tanta atenção. Tenho certeza de que nos dias de hoje os papéis estariam invertidos com o Jack. Seria eu quem estaria atrás da câmera dando risada.

77

Doces momentos. De volta ao círculo dos vencedores com o número 7. Um momento de muita alegria, vendo Nathan Hedge eliminar Andy Irons no Brasil em 2005, para entregar o título a Kelly.

Nesta página, sentido horário, do alto: SL8R, 2006; "chuveirando" a tensão para longe, Hossegor, França; Rob Machado no Pipe Masters; se esquentando com Taj Burrow após uma final tensa em J-Bay, 2007.

Shaun Tomson (ex-campeão mundial)

Parece que existe uma tendência no *tour* para se surfar mais em pé, com a lombar mais esticada, mas Kelly é flexível como borracha. Existem algumas poucas palavras que definem a essência de um surfe grandioso – manobras e técnicas evoluíram durante os últimos trinta anos, mas a haste essencial do DNA do qual se constitui um surfe grandioso não foi alterada: velocidade, força, ritmo, agressividade, estilo e imaginação. Kelly tem tudo isso e também aquele cromossomo extra da intuição, um conhecimento, uma reação antecipada ao fluxo e à fluência do oceano. Sua seleção de ondas é extraordinária, escolhe várias que outros deixariam passar, apenas para vê-las dobrar de tamanho através da seção de *Impossibles*, a mais rápida e tubular de todo o trajeto. Ele veio onda abaixo, soltando fumaça na minha direção enquanto eu remava de volta, manobrando à frente para atingir velocidade máxima, a crista centímetros acima da sua cabeça, correndo para a luz na sua cavidade, a bola de espuma turbulenta debaixo dos seus pés. Parecia calmo e sem pressa, bem no centro do seu universo, exatamente onde queria estar. Ele sorriu e eu sorri de volta.

Lembro de alguém dizendo que motivação é temporária, mas inspiração dura para sempre. Isso foi o que descobri enquanto avançava na minha carreira, a qual exigiu mais inspiração do que qualquer outra coisa. Talvez eu tenha motivação ao querer vencer um rival para devolver a ele a derrota que me infringiu, mas aquilo dura apenas o tempo daquela bateria. A inspiração vem mais de uma coisa espiritual, ainda que competir num campeonato de surfe pareça o polo oposto da espiritualidade, por tratar-se somente de ganhar para si mesmo. Descobri recentemente que meus melhores resultados vieram quando simplesmente me inspirei a surfar a onda, apenas para curtir o ato de surfar pelo que ele é em si, e até ficaria igualmente feliz se o outro cara vencesse. Isso é um tipo estranho de estratégia porque você está lá para vencer.

Trata-se de equilíbrio. Quanto mais olho para as coisas, mais percebo que é tudo questão de entender a outra pessoa. Quando você começa a compreender os medos e as esperanças, a alegria e o nervosismo da outra pessoa, uma certa espiritualidade pode introduzir-se no esporte e você pode ir para algum lugar mais além que a competição.

Um amigo acabou de me enviar um *e-mail* com uma citação de Krishnamurti: "Quando você se afasta da competição é quando você realmente cresce.". Isso é engraçado, porque bem agora (setembro de 2007) estou totalmente envolvido na batalha pelo meu nono título mundial, e é dessa maneira que me sinto.

Bruce Raymond (ex-surfista profissional, executivo da Quiksilver)

Quando aconselhei Kelly, ele sabia que não havia nenhum interesse por trás disso e acredito que em algumas ocasiões consegui dizer a ele coisas que outras pessoas não puderam. Hoje, isso ainda é válido. Se uma ação promocional é uma porcaria, vou dizer a ele e aconselhá-lo para que não a faça. Ou vou dizer, "acho que você precisa de um técnico" ou "realmente não gosto da maneira que você está fazendo isso", e ele vai escutar porque sabe que esses conselhos vêm do lugar certo. Alguns anos atrás, Mark Warren e eu o observamos surfando na Gold Coast. Ele estava dando umas rasgadas bem longas para voltar à onda, batendo na espuma com força. Devido à sua capacidade atlética, ele conseguia dar a volta e sair dali, mas aquilo não parecia bom. Joel e Mick estavam quicando de volta do alto da espuma e Kelly estava indo direto para dentro dela. Dissemos que ele poderia fazer da maneira que quisesse, mas que do outro jeito ficava mais bonito de se ver. Nós o aconselhamos a contratar um técnico.

Acho que o que surpreendeu muitos de nós foi o quanto (após sua aposentadoria) Kelly demorou a retornar ao topo. Acredito que o momento da virada foi quando Mark Warren e eu o confrontamos em Queensland. Acho que a expressão que usamos foi "um concurso de mijada com os juízes". Ele não concordava muito com o critério de julgamento e queria que fosse mudado. Estava fazendo coisas muito difíceis, mas que não eram tão sensacionais de serem vistas. Então, ele foi para Bells e foi derrotado por Bede Durbidge, me ligou e disse que já estava cheio daquilo, que estava considerando abandonar. Eu disse que achava que ele deveria conversar com o juiz principal e perguntar a ele o que era que não estava fazendo, trabalhar com isso e também colocá-los de sobreaviso. Contei a ele uma história, dos primeiros anos em Bells, quando havia um ônibus com *deck* duplo para os juízes. Era um dia perfeito e depois da minha bateria entrei no ônibus bem no momento em que Shaun Tomson pegou uma onda incrível até a praia, sem nunca por um pé no lugar errado. Meu queixo caiu, porque percebi que seria impossível qualquer outra pessoa vencer o evento. Aí, o juiz principal disse, "Ah, Shaun, sempre a mesma velha coisa...". E percebi no instante seguinte que seria impossível o Shaun vencer. Contei essa história para o Kelly e ele foi para o Taiti e venceu.

Em forma de vencedor no Quiksilver Pro, Gold Coast 2008.

Faturando o 8, Mundaka 2006.

Essa é a semifinal do Pipe Masters 2005, acho que foi a minha primeira onda da bateria. Ela parece ter dado uma jogada para cima, na foto não dá para ver realmente, mas você não consegue encontrar uma onda muito maior que essa em Backdoor. Talvez não esteja totalmente na segunda bancada, mas é um daqueles dias que realmente amo, de 2 m a 2,5 m com uma onda ocasionalmente maior, ondulação de período curto de oeste com um pouco de norte, apenas picos massudos em forma de "A". Se você ama Backdoor, é isso o que você está buscando. Esse cara indo para a esquerda é Kalani Chapman; Mick Fanning também estava na bateria, além de Cory Lopez. Quando essa onda veio, apenas pensei, "Esta é a melhor onda de Backdoor que já vi. Vou nela de qualquer maneira! Se despencar lá de cima e morrer, não importa, porque esta é a onda que por toda minha vida esperei pegar.". Você pode ver na foto 3, que ela realmente começa a levantar e, aí, fica quadrada. Está um pouco mais em pé à minha frente, então estou passando pela porta dos fundos. Na foto 5, parece perfeita e já estabeleci minha linha, aí dou a minha primeira bombada numa prancha 6'5", e provavelmente precisava de algo um pouco maior. Saindo da bombada, preparo minha curva, mas aí vem uma seção candelabro à frente e provavelmente não virei rápido o suficiente para dentro dela. A linha que tracei vai me colocar bem no lugar em que a crista está encontrando a água. Se tivesse passado pela primeira explosão da espuma estaria salvo, mas isso não aconteceu e acabei basicamente desistindo da bateria depois disso, e ainda fiz uma interferência, se me lembro bem. Depois de cair nessa onda, não me importei mais. Parece que ela vai me assombrar para sempre.

Pelo puro prazer

4

Minha
outra
vida

Surfando
Pipe
de
peito.

Mark Cunningham (surfista de peito, guru)

Acredito que a maioria de nós foi surfista de peito bem no começo de nossas carreiras de deslizadores de ondas e aposto que Kelly também foi um pouco quando moleque nas águas mornas da Flórida. A maior parte das pessoas escuta North Shore e logo pensa em 6 m em Waimea ou 4,5 m em Sunset, mas são inúmeros os dias de 1 m a 1,5 m, quando você pode se divertir muito sem se preocupar com se afogar ou quebrar o pescoço. Acho que Kelly já viu a alegria disso, talvez pela saturação do surfe de prancha na sua vida. Outra atração no surfe de peito – e eu percebi isso no Rob Machado também – é que esses caras estão sob holofotes quentes no minuto em que colocam o pé na praia. Eles caminham com uma prancha debaixo do braço e todos os olhos se voltam para eles. Não posso imaginar essa pressão. A beleza do surfe de peito é que você não vai detonar um aéreo de pirar a cabeça ou pegar o tubo do dia. Se você ficar no olho da onda por 3 ou 4 s, já é uma baita curtição. Acho que o que seduz o Kelly nessa prática é que ele pode entrar na água sem a necessidade de ser o melhor, como se fosse um anônimo. Isso é o que gosto no surfe de peito. Não se trata de uma performance no oceano. Apenas estou nele, sou uma parte dele, simplesmente essa pequena cabeça de coco flutuando na superfície.

Eu sabia quem era Jeff Hornbaker antes de conhecê-lo.

HORNY

Tinha visto suas fotos desde quando era garoto e sabia que ele esteve nos melhores locais para surfe no mundo com os melhores surfistas. Quando o conheci de verdade, eu era bem novato no cenário internacional, recém-chegado à posição na qual os fotógrafos viravam suas câmeras para a minha direção.

Um dia, bem no começo, provavelmente em 1992, nós estávamos em Narrabeen (em Sydney) para o campeonato Coke, e as ondas estavam muito boas. Eu queria surfar Little Avalon, pico bem em frente de onde eu havia acabado de comprar um apartamento. Horny estava morando nos arredores também. Naquela tarde, a maioria dos pros estava surfando em Newport Peak, mas eu queria surfar Little Av, e Horny queria que eu surfasse o fundo de areia de Avalon. Nós tínhamos que fazer uma foto para a Quiksilver e ele disse, "Olha, trinta dos melhores caras do mundo estão surfando Newport e eu estou aqui para

fotografar você, o mínimo que você poderia fazer era colaborar comigo, seu merdinha.". Talvez não exatamente nessas palavras, mas era esse o sentido. Eu falei, "Bem, vou surfar Little Av e se você quiser fotografar, ótimo. Se não quiser, volte para Newport, eu realmente não me importo.". E não me importava, porque esta era a primeira vez que Little Av estava funcionando desde que eu estava lá, e não ia perder essa sessão. Nós ficamos nessa discussão, num vai e vem. Finalmente, eu disse, "Quer saber, Jeff? Seu ego é grande demais para lidar com o fato de que não me importo se serei fotografado por você ou não.". Ele ficou chocado, tipo, "Como você ousa falar comigo desse jeito!". Basicamente eram dois egos se atacando. O meu, o do cara novato que não ia deixar que dissessem o que ele deveria fazer, contra o dele, para quem era tudo uma questão de respeito.

A luz baixou atrás da montanha e então eu desci para o fundo de areia para fazê-lo feliz. Os dois cederam um pouco e daquele ponto em diante nos entendemos. Eu apontei seu blefe e, naquele momento, provavelmente ele não gostou, mas desde então nós temos sido muito próximos. Ele é um pensador profundo, um cara que está sempre em busca da verdade, o tipo de pessoa da qual tenho vontade de me aproximar. Fizemos muitas viagens sensacionais ao redor do mundo. Com frequência dividíamos uma cabine no (Quiksilver) Crossing quando um de nós estava enfrentando uma separação, então havia muitas histórias chorosas para dividir. Uma vez eu estava passando por um período difícil, e Jeff tinha um livro chamado *Amor incondicional* de Paul Ferrini, que me deu para ler. Tudo no livro fazia perfeito sentido e me ajudou a compreender algumas coisas. Só tivemos uma sessão de surfe durante toda a viagem, de maneira que sobrou muito tempo para escrever e pensar, pescar e conversar.

Se você está fazendo uma foto íntima, com pose ou artística, acredito que importa muito o quão bem você conhece o fotógrafo, porque você precisa ter certeza de que se ficar ridículo ninguém vai vê-la. Se resolver se arriscar, você tem que se sentir seguro. Na maioria das vezes, se me pedem para fazer uma foto fora do comum, não faço porque me preocupo com o fato de que possa aparecer em algum lugar fora do contexto. O Jeff sempre me diz, "Se você não gostar dessa foto, não se preocupe, está segura comigo.". E ele nunca, nenhuma só vez, vacilou com isso.

Homem-tartaruga, Ilha Grand Turk, 2004.

A TARTARUGA

Jeff e eu com frequência fazemos essas fotos com coisas que achamos. Uma vez nas ilhas Mentawai, uma árvore grande tinha caído e havia um buraco no meio dela grande o suficiente para que eu coubesse lá dentro. Subi na árvore e entrei no buraco. A concepção artística de Horny era que eu iria emergir como se tivesse nascido novamente ou algo assim. Há uma foto em que estou escondido lá dentro e depois saio de lá escalando e, por fim, ressurjo no meu verdadeiro ser.

Provavelmente a mais divertida que já fizemos foi quando estávamos na República Dominicana durante o Crossing. Nós havíamos comido num restaurante em dois dias seguidos, e havia uma enorme casca de tartaruga na parede do bar. Tinha uns cinquenta anos de idade ou por aí. Eu falei, "Posso comprá-la?". O cara pensou por um minuto e aí pediu cem dólares. Normalmente não sou a favor de comprar objetos decorativos feitos de animais mortos, mas calculei que ela devia estar ali há um longo tempo e ninguém iria substituí-la. Era uma casca bonita, mas não estava num estado muito bom. Precisava ser envernizada para trazer as cores de volta, mas cada uma das placas nas suas costas tinha uns 20 cm de ponta a ponta e havia umas vinte ou trinta delas. Era uma casca grande. Desde o chão, chegava ao meu umbigo, e o arame que eles usavam para pendurá-la na parede se encaixava perfeitamente ao redor do meu corpo. Quando eu a coloquei, minha cabeça saiu para fora exatamente do jeito que a da tartaruga teria saído. Então, um pouco mais tarde, na ilha Grand Turk, vesti a casca que me cobriu do pescoço até os joelhos, e a encaixei do jeito certo. Falei para o Horny que ia nadar com ela e ele deveria tirar uma foto. Quando você nada com a casca, pode sentir sua hidrodinâmica, curva e lâmina perfeitas. É possível ter uma noção real de como uma tartaruga se move pela água. Foi uma sensação tão legal. Fotografamos uma sequência minha como uma tartaruga, chegando na praia e depois voltando para o mar. Foi no meu aniversário de 33 anos.

Jeff Hornbaker (fotógrafo, amigo)

Quando você conhece alguém pela primeira vez, e vão trabalhar juntos, você tenta de alguma maneira entrar na sua cabeça. Quando comecei a trabalhar com o Kelly, ele era um verdadeiro adversário. Agora, não sei se era porque ele tinha que trabalhar comigo porque eu trabalhava para a Quiksilver, ou se era porque ele nunca tinha recebido uma ordem antes. Mas no início nós realmente batemos cabeças. Ele pensou que eu fosse um maluco controlador e tendo o espírito livre, não gostava que dissessem o que ele tinha que fazer. Sei como é isso, porque sou assim também. Eu podia entender, mas ao mesmo tempo era, tipo, "seu filho da puta...".

Foi preciso quase um ano e meio para que os outros o convencessem de que eu era legal, que eu sabia o que estava fazendo. Já me deparei muito com isso, onde você realmente tem que trabalhar para conseguir a confiança de alguém a ponto de poder revelar quem ele é. Eu diria que Kelly foi o cara mais difícil de se conquistar a confiança que já fotografei.

Kelly era como um lobo. Depois que se convenceu de que eu iria ficar ali e não estava indo para nenhum lugar, decidiu tentar conviver com isso, e aos poucos foi ficando confortável com aquilo, e finalmente se mostrou seguro com a situação. Da minha parte, esclareci que caso não se sentisse bem com algumas coisas, ou caso sentisse que aquilo não era ele, não precisava fazê-las. Muitas vezes no processo criativo você vai muito longe e termina fazendo algo completamente abstrato, nada a ver com aquilo que você se propôs a fazer. Kelly demonstrava disposição para sair lá fora e criar em conjunto, mas às vezes ele ficava cansado daquilo, parava tudo e saía andando.

Em algumas ocasiões o melhor material surge quando você trabalha apenas uns vinte minutos por dia. O processo criativo se desenvolve naquele momento. Isso não significa que eu seja um grande fotógrafo e ele um modelo excepcional. A questão é nós dividirmos um estilo de vida que cria aqueles momentos que você pode capturar. Você está lá apenas observando, mas não pode deixar de ser envolvido pelo processo criativo. Por exemplo, não posso tocar bateria de jeito nenhum, mas Kelly passa a brincar com um violão e logo começo a fazer algum som com a boca para acompanhar o ritmo. É contagiante. Kelly se envolve da mesma maneira, sempre buscando a próxima árvore para subir ou pedra para entrar. Nesse sentido, ele é uma grande inspiração.

Nestas páginas: Ilha Grand Turk, 2004.

CONCHAS

Horny e eu temos essa coisa de catar conchas, não importa em que parte do mundo estamos. Acho que isso foi nas Mentawai.

Acima: jato privado para Paris, 2006.

Acima, à direita: Paris, 2006.

À esquerda: Mentawais, 2000.

ENSAIO DE MODA EM PARIS

Isso foi para a *Citizen K,*

uma revista de moda de alta qualidade que faz muitas coisas provocativas, ousadas. Infelizmente, essas fotos nunca foram publicadas. A ideia que eles tiveram para o ensaio era me vestir como um peixe fora d'água, basicamente me colocar em roupas bem loucas que eu normalmente nunca usaria. As fotos inicialmente seriam feitas em Nova York, mas no último minuto eles me disseram que uma dúzia de pessoas tinha voado para Paris porque era onde eu estava. No fim das contas, todos eles moravam em Paris, aquilo tinha sido apenas uma tática para me pressionar a comparecer. De qualquer maneira, eu deveria ter deixado Paris naquele dia, mas me senti culpado por eles terem gasto todo aquele dinheiro; mesmo não querendo fazer as fotos, eu fiz. Acredite em mim, havia roupas bem mais absurdas do que essa na foto. Eles queriam que eu vestisse uma camisa que mal me cobria e uma cueca muito apertada, e sapatos com um visual estranho... tudo que eu disse foi, "Vocês estão malucos." E eles, "Mas isso é tão legal! Tão *sexy*!"

Eu tenho que explicar a cena. O fotógrafo conhecia um pouquinho de surfe, então havia uma conexão ali. Mas o editor de moda da revista era alguém totalmente diferente. Esse cara entra caminhando, com um chapéu puxado pra baixo sobre o seu rosto e com uma pena saindo dele, ele não tinha queixo algum, era muito alto, magro e ostensivamente *gay*. Vestia um sobretudo com estampa de pele de leopardo indo até seus calcanhares, e quando o tirou, surgiu esse cinto Prada com uma fivela enorme, que era uma cabeça de leão gigante, por cima de calças pretas superjustas e, onde ele colocava as mãos, nos bolsos, havia duas joias pregadas em forma de revólveres apontando para o seu volume! Para completar tudo isso, quando ele veio apertar minha mão, percebi que tinha *ketchup* espalhado por todo seu lábio inferior. Parecia algo saído diretamente de *Zoolander*. Em determinado momento da sessão de fotos, me lembro de ter olhado para Bruce Gilbert e ter dito, "Estou de ressaca, na situação mais absurda imaginável, sinto-me como um idiota total e eles estão registrando tudo com essa câmera.". Mais bizarro, impossível, e de vez em quando me lembro e me pergunto como fui me colocar naquela situação.

O ENSAIO DE JAMES DEAN

Foi para a revista *Interview*.

Bruce Weber conhecia um amigo meu da Flórida que trabalha na indústria de moda e ele me queria para um ensaio ou algo assim. Isso foi em 1995, acho. Bruce falou para eu passar por lá quando estivesse em Nova York, que iríamos fotografar algumas coisas diferentes. Afinal, o que ele queria é que eu fizesse algo para Versace, algo para a *Interview* e algo para a *Vogue Huomo*, a *Vogue* italiana para homens. Quando cheguei lá, tinha uma menina nua no estúdio. Ela surfava um pouco também e o Bruce achou que ela e eu poderíamos ter uma conexão legal. Eu não tinha muita certeza de como exatamente isso deveria acontecer, mas ele me jogou direto no cenário com ela. Eu nunca havia fotografado com uma garota nua, então estava um pouco tímido, mas ela não estava nem um pouco.

Todas as vezes em que trabalhei com o Bruce, ele foi bem rápido. Rápido, mas meticuloso. Ele tenta deixar você confortável no estúdio, toca a música que acha que você gosta, tem comida e, para mim, ele tinha um violão que eu podia dedilhar entre as tomadas. No fim, ele junta as mãos e faz uma reverência dizendo muito obrigado, e você sabe que acabou, nenhuma foto a mais. Eu achava isso legal. Já fotografei com ele quatro ou seis vezes e ele sempre tem um séquito de assistentes de câmera, tipo seis caras bonitões e novinhos.

Na hora, Bruce não falou nada sobre James Dean, mas, quando vi a foto pela primeira vez, lembro de pensar que havia algo vagamente familiar nela. Foi só quando um amigo me deu um toque que comecei a imaginar se havia sido intencional. Se foi, considero um elogio.

Na página ao lado: parecendo o James Dean, Nova York, 1995.

À direita: com Rob e Sal, estreia do *Tá dando onda*, Havaí, 2007.

SURF'S UP

Estávamos surfando em Trestles

uns dois anos antes e uns caras disseram que iam fazer uma animação de surfe. Eles trabalhavam para a Sony e queriam nos entrevistar e coletar as verdadeiras vozes de surfistas, potencialmente para esse filme. Originalmente, nenhum de nós iria participar de nada mais além que uma amostra de som, mas mais tarde os produtores contataram a mim, Rob Machado e Sal Masakela, e disseram que queriam que fôssemos personagens em *Tá dando onda*. Eu achei isso muito legal. Minha filha está hoje com onze anos e pensei que ia ser muito legal para ela me ver no filme.

Filmes de surfe sempre tentam ter um enredo que acham que é universal, mas nunca é. É sempre esse grande suspense, como em *A onda dos sonhos*, e isso não funciona. Não diz nada para as pessoas comuns porque elas não surfam e não entendem, e não diz nada para surfistas porque é muito falso. Mas num desenho animado você pode pegar todos os elementos que têm um apelo universal e tratá-los com humor, o que parece funcionar. Pode ser jovem e divertido e, ao mesmo tempo, bacana o suficiente para as pessoas mais velhas. Você pega o *Surf no Havaí* – com a mesma trama de *Tá dando onda*: um cara vem de lugar nenhum, não sabe surfar direito, não vence o campeonato, mas fica com a garota. Agora, aquele foi o filme mais estúpido da história, mas *Tá dando onda* é simplesmente sensacional.

SURFE DE PEITO

Existe algo melhor?

É a forma mais pura de surfar, provavelmente a única forma pura de surfar. Mesmo que eu ainda não tenha surfado pelado, isso deve ser o máximo. O que gosto no surfe de peito é que você não está apenas surfando e ficando em forma, mas também aprende a apreciar muito mais uma onda, e aprende a usar a força que ela oferece a você.

Mark Cunningham foi uma grande inspiração para mim muito tempo antes de conhecê-lo. Eu escutava falarem a respeito dele; sozinho em Pipe quando ninguém mais iria lá para fora, um cara atacava as ondas e ao mesmo tempo possuía uma conexão com o mar. Acredito que haja um conhecimento sobre as ondas que você só pode alcançá-lo se surfar de peito. Muitos de meus amigos são bons surfistas de peito. Eu, Strider Wasilewski e Keoni Watson costumávamos surfar Pipeline de peito nos dias difíceis e nunca usávamos pés de pato porque queríamos nos sentir naturais. Num dia normal de 3 m em Pipe, tem um monte de ondas de pouco mais de 1 m que você nem perceberia a não ser que estivesse surfando de peito.

Tem uma coisa muito divertida de se fazer quando você está surfando de peito. No momento em que uma onda bem em pé vem na sua direção, talvez uma que já não dê condições de descida, você nada debaixo d'água subindo, acompanhando a curvatura da face. O impulso da onda ao empurrar a parede para cima vai te jogar para fora, atrás dela. Um dia eu estava surfando de peito em Pipe e meu amigo Vavá nadou para a arrebentação e nós fizemos esta foto.

Pipeline, 2007.

Vavá Ribeiro (fotógrafo)

Era apenas um dia mediano em Pipe. Não sou um fotógrafo aquático. Estava somente dando uma volta com uma pequena câmera, procurando por imagens fora do comum. Posicionei-me com minha câmera no fim da onda e Kelly apareceu surfando de peito. Ele me disse, "Dá uma olhada nisso. Vou furar uma onda e sair voando do outro lado.". Eu tinha uma última foto na minha Nikonos 5, então só esperei que ele furasse a onda e fotografei bem no momento certo. É uma foto excepcional do Kelly porque ele é um personagem enigmático. A onda está simplesmente cuspindo ele. Tem energia e mistério nela.

Estávamos em King Island com um bando de amigos. Não tenho certeza se foi Sean Davey, Eddie Vedder ou Joe Curren quem tirou essa foto (Eddie), mas eu peguei o cigarro do Eddie e fingi dar uma tragada. Isso me fez sentir um pouco como meu pai, mas a verdade é que não posso nem respirar essas porcarias. Sempre me pergunto como as pessoas podem fumar. Essa foto saiu como página dupla numa revista de surfe australiana sem explicação alguma.

*****
*****
*****

VELOCIDADE

Eu estava em Barbados,

onde um camarada meu, Paul Bourne, é piloto de rali. Ele é surfista e meu irmão Sean e eu o conhecemos desde 1985, quando estive lá numa viagem da escola. Em 2001, Paul e alguns outros pilotos de Barbados trouxeram seus carros, fechamos o circuito e fizemos um oito gigante. Fazíamos essas curvas derrapando com toda força por 200 m sem nem mesmo segurar no volante, apenas pisando no acelerador e mandando ver. Paul acabou batendo numa pedra e destruindo seu carro, mas foi uma curtição total.

Voltei lá no ano passado e Paul me deixou dirigir seu carro, só que ele tem quase 2 m de altura e seu carro foi construído para suas medidas. Tive que colocar duas ou três toalhas empilhadas atrás de mim no assento, para que meus pés pudessem alcançar os pedais. A diferença de uma marcha para outra é muito pequena. A primeira começa bem embaixo e vai até lá em cima, mas depois dela as marchas são muito próximas uma das outras. Esse carro tem mais de 600 cavalos de força e custa uns U$ 250.000, a última coisa que eu queria fazer era detoná-lo! São seis ou sete curvas no percurso que tem mais ou menos 1 km; de qualquer ponto do percurso você pode ver a pista inteira. Eles fecharam os portões e éramos em seis ou oito. Paul nos levou para dar uma volta e depois me deixou dirigir. Fui devagar na primeira volta e apenas umas duas vezes dei uma pisada no acelerador para ver o que iria acontecer.

A força do motor era assustadora, particularmente com o carro todo depenado (num carro de corrida são removidas todas partes desnecessárias para que fique o mais leve possível) a quase nada. A cada volta fui acelerando um pouco mais e, em determinado momento, saí de uma curva rápido demais. Paul me disse para dar uma desacelerada nas curvas e pude ver que estava deixando ele um pouco nervoso, então dei uma diminuída.

Em 2006, fui convidado para a corrida das celebridades no Melbourne Grand Prix, mas não pude aceitar. Eles me convidaram de novo em 2007 e eu não ia deixar essa oportunidade passar de jeito nenhum. Você tem que fazer um curso de treinamento que dura uma semana. Mas na noite anterior ao dia em que eu deveria voar pra lá, houve uma baita inundação no meu apartamento novo na Gold Coast e perdi o primeiro dia de treinamento. Eles me deixaram dar umas duas voltas de reposição antes que todo mundo chegasse, me ofereceram um aula particular e desejaram boa sorte.

Nem por um segundo senti medo. Não que os carros fossem totalmente loucos – 120 ou 140 cavalos, não muito – mas nós estávamos pilotando o mais rápido possível, entrando de lado nas curvas, tentando manter o controle com 27 novatos espalhados pela pista. Algumas pessoas deram perda total em seus carros durante a semana de treinamento, então havia perigos inerentes, mas ir rápido parecia muito natural para mim.

Barbados power slide.

Com Paul Bourne, Barbados.

Na sexta-feira eles nos levaram para a pista de Albert Park, onde tivemos um treinamento de 25 minutos, mais vinte no dia seguinte, e depois a corrida seria pra valer. Tentei ir o mais rápido que pude, pensando que se os F-1 podem alcançar 340 km/h nesta pista, certamente eu posso fazer a coisa andar. Acabei saindo da pista cinco vezes – três vezes na minha primeira volta. No fim do dia, outro cara e eu fomos chamados ao escritório do diretor, a autoridade que emite as licenças, conhecida por CAMS. O cara me chamou e disse que tinha relatórios apontando que eu havia saído da pista em cinco ocasiões diferentes, o que eu tinha a dizer em minha defesa? Disse que apenas dirigi rápido demais e não conhecia a pista. Ele respondeu, "Bem, você não pode dirigir desse jeito amanhã; isso é um negócio sério e você tem que ficar na pista.". Uou, ele estava falando sério! Tão sério que o outro cara no relatório teve sua licença suspensa.

O dia da corrida se iniciou e nós demos a largada. No momento em que chegamos à primeira curva eu estava em segundo, e até o final da primeira volta passei para primeiro; liderei a maior parte da segunda volta. Aí, tive o mesmo problema que estava tendo durante toda semana. Cambiando com a mão esquerda, enquanto eu procurava a terceira acabava indo da segunda para primeira e quase estourava a transmissão do carro. Estava acelerando com tudo em segunda e reduzi para primeira e o carro basicamente foi para trás! Fiz isso três vezes durante a corrida, uma delas na curva final e outra, quando eu estava na liderança, três carros passaram direto por mim. Terminei em terceiro. A coisa toda foi muito divertida, uma experiência sensacional que eu gostaria de repetir. Não é muito bom para o meio ambiente, mas é um barato.

101

Quando criança, eu morava atrás de um campo de golfe

GOLFE

e, na companhia do meu melhor amigo, costumava passear entre os pequenos lagos e o córrego, para procurar bolas na lama. Nós tentávamos revender as bolas no próprio campo de golfe, mas fomos pegos e paramos de fazer isso. Além disso, havia crocodilos nos pântanos. Várias vezes ao longo dos anos eu tentei dar tacadas em bolas de golfe e simplesmente não conseguia. Suponho que, quando garoto, eu tinha a impressão de que golfe era algo meio chato, não muito legal, então não entrei nessa.

Em 1995, um amigo meu na Flórida, Mitch Varnes, me convidou para jogar uma partida de golfe com ele enquanto falávamos de negócios. Acabamos não falando de negócios e fiquei realmente fissurado depois daquele dia. Acredito que acertei duas tacadas que senti que foram precisas, foram para onde eu queria, então achei aquilo legal. Mas o jogo também me pareceu superdesafiador e aí eu voltei e joguei de novo no dia seguinte. Totalmente sugado para dentro.

Rob Machado começou mais ou menos na mesma época, então passamos a jogar juntos. Naquele inverno no Havaí, jogamos um torneio no Turtle Bay com outros surfistas. Então uma parte de nós no *tour* começou a jogar e todos foram fisgados, tanto que John Shimooka e Ross Williams vieram à Flórida para uma semana de golfe comigo, e só surfamos uma vez! O que me atraiu no golfe foi o fato de ser um jogo muito simples e ao mesmo tempo difícil de ser dominado. Eu poderia relacioná-lo ao surfe, porque acredito serem iguais. Pense em quanto existe a ser aprendido entre o momento em que você fica em pé pela primeira vez e aquele em você dá sua primeira cavada... Há muito que aprender entre essas duas etapas. Surfe e golfe, ambos, têm a ver com repetir movimentos simples de uma maneira consistente para obter o resultado desejado.

Em 1996 e 1997, joguei muito mais golfe do que surfei, e tive meus dois melhores anos competitivos no *tour*. Venci doze eventos do *tour* durante esses dois anos, com sete de treze competições em 1996. Eu atribuo isso ao meu golfe! Não sei se as pessoas vão entender isso, mas o que o golfe fez por mim foi me fazer pensar sobre minha forma e técnica. Eu havia lido o livro *Five lessons* [Cinco lições], de Ben Hogan, e comecei a pensar a respeito de técnicas para surfar, e se aquelas lições podiam ser aplicadas – se, por exemplo, a maneira como você cria velocidade e força numa tacada de golfe poderia ser aplicada à maneira como você surfa uma onda. O golfe também me ensinou a ser competitivo e estar pronto para o inesperado. No golfe você nunca sabe o que vai acontecer no próximo buraco; no surfe, algo surpreendente pode acontecer na próxima onda.

Com todas essas ideias passando por minha cabeça, comecei a tomar nota delas e a desenvolver uma "Lição de Surfe". Na minha cabeça é um livro chamado "A Lição de Surfe", mas talvez seja um processo para a vida toda, porque continuo pensando em mais coisas para acrescentar a ele. Apenas a ideia de como seus braços, pernas, quadris e ombros interagem com sua prancha e seu movimento ao longo da onda pode levar a uma equação muito complexa. Mas ela se resumia em colocar meu corpo em uma posição neutra em cima da minha prancha, sem se importar com qual parte da onda estou surfando, e minimizar meus movimentos de maneira que eles se tornem o mais eficientes possível. Depois de um tempo, comecei a perceber que iria surfar num campeonato após um bom tempo sem surfar, e constantemente pensava em como meu corpo se relaciona com minha prancha e com a face da onda de acordo com os princípios que eu havia levantado. Assim, o "pensar" substituiu o "treinar"! Esse é o método que tenho aplicado ao meu surfe desde então, e vem diretamente do golfe.

Acredito que as pessoas são capazes de realizar grandes coisas quando elas possuem a mente aberta, e certamente o tempo que passei longe do surfe abriu minha mente para outras coisas e ajudou a me recarregar. Isso também me ajudou a me concentrar mais, porque percebi que eu vinha jogando golfe e não treinando surfe. Mas acredito que os aspectos físicos, a biomecânica, foram muito importantes e me senti como se tivesse encontrado algo que ninguém mais conhecia. Não vou dizer que isso mudou meu surfe, mas diria que me ofereceu um entendimento profundo a respeito disso.

Brincando em Cocoa Beach.

Eu jogo três a quatro torneios de celebridades por ano. Joguei com Adam Scott (pro australiano). Essa é provavelmente minha melhor história de golfe. Eu tinha que voar para Maui bem cedo na manhã do torneio, porque nós tínhamos marcado a tacada inicial do jogo às oito horas, mas dormi demais e me atrasei. Não cheguei ao torneio até o quinto buraco e descobri que estava com Adam Scott, e Butch Harmon seguia com a gente. Butch é o técnico de Adam e foi o técnico de Tiger [Woods], provavelmente o maior técnico de golfe em atividade. Então eu estava um pouco assustado e na primeira tacada acertei a bola por cima. Acho que Adam e Butch ficaram rindo de mim.

Fui me acertando aos poucos à medida que o dia passava e chegamos ao 18º buraco, que é um dos mais espetaculares buracos no golfe, 550 m de distância a serem cobertos em cinco tacadas, só que morro abaixo. Você está dando tacadas na direção de Molokai e pode ver as baleias saltando no canal. Adam estava a uns 220 m do gramado onde ficava o buraco e deu uma tacada colocando a bola 6 m dentro do gramado, se posicionando para completar o buraco em apenas três tacadas. Butch disse então, "essa foi uma bela tacada de golfe, talvez a tacada do dia". Eu estava a uns 210 m longe do buraco, peguei um taco de ferro cinco e acertei a tacada exatamente do jeito que queria, tudo aconteceu perfeitamente, Butch estava parado a uns 10 m atrás de mim. A bola aterrissou a mais ou menos 1,5 m da grama, quicou para a esquerda e rolou em direção ao pino. Rolou por uns vinte segundos, parando talvez a 15 cm do buraco, e quase completou o buraco em apenas duas tacadas. Aí o Butch me agarrou pelos ombros e começou a gritar, "Isso foi uma puta tacada de golfe!". Fiquei muito contente, o público no campo simplesmente explodiu me aplaudindo e aqueles foram meus vinte segundos de fama no golfe, bem ali. Naquela noite nós estávamos numa festa e Vijay Singh veio a mim e disse, "Ei, me contaram da sua tacada hoje...".

Peff Eick (camarada golfista, mentor)

Não tenho certeza se teria me tornado um amigo tão próximo (de Kelly) como sou se ele não tivesse começado a jogar golfe. Jogo golfe e nós temos isso em comum. Kelly, Ross Williams e eu estávamos jogando no Turtle Bay um dia, quando ele começou a ficar muito bom. Parecia que ele podia imitar qualquer um. Nós estávamos no 16º buraco, empatados em duas tacadas acima do estipulado para aquele campo. Empatamos naquele buraco e no seguinte, e estávamos nos encarando, tipo, "o jogo é pra valer". Chegamos ao 18º buraco e ambos demos uma bela tacada num buraco de cinco tacadas. Ele acerta uma tacada de 75 m passando por cima da água para chegar ao gramado. Eu me preparo para dar a minha terceira tacada e colocar a bola na grama e posso ver a competitividade crescendo dentro de Kelly. Ele acerta uma tacada perfeita na grama e completa o buraco com quatro tacadas, uma a menos do que o previsto. Eu faço o buraco em cinco e ele me vence por uma tacada. Fui uma vítima da competitividade de Kelly e não acho que cheguei nem perto de derrotá-lo desde então. Isso foi seis ou oito anos atrás e de lá pra cá ele tornou-se muito melhor.

Parece que sempre foi muito bom. Ele e o Ross aprenderam juntos. Eu só vou ao North Shore quatro ou cinco vezes ao ano. Normalmente costumo encontrar com o Kelly depois do Natal e aí nós jogamos. Ele sempre foi bom, o que é surpreendente. Não parece se frustrar; parece sempre estar com as emoções sob controle. Jogo golfe com um monte de gente diferente e você basicamente pode dizer como a pessoa é ao jogar uma partida de golfe com ela. Você pode dizer se vão tentar enganar você, manipular ou ficar fazendo picuinhas. Com o Kelly você pode ver que ele é intenso, altamente competitivo e sabe manter o controle.

Dei o *Five lessons* [Cinco lições] do Ben Hogans para tantas pessoas ao longo dos anos e acho que dei para o Kelly também. É um pequeno livro branco que Hogan escreveu nos anos 1950 e tem desenhos e diagramas de como ele se movimenta e programa suas tacadas. É quase uma Bíblia do golfe; pergunte a qualquer profissional. Então um dia o Kelly está jogando no Peeble Beach Pro Am e estou procurando ele enquanto assisto a TV, tentando encontrá-lo. A comentarista do Golf Channel começa a falar sobre como Kelly mencionou para ela que leu o livro do Ben Hogans e aplicou o mesmo ao seu surfe. Bem, o Golf Channel deu o maior destaque a isso. Não sei se o Kelly pensou nisso antecipadamente ou se foi apenas um impulso do momento, mas isso conquistou a simpatia dos golfistas dedicados. Eles ficaram falando disso nos dias seguintes, continuaram entrevistando ele a respeito e repetidamente voltavam à conexão entre golfe e surfe.

Nesta página dupla: aventuras com Horny, Mentawais, 1996.

Quando eu era garoto, costumava acelerar o mais rápido que pudesse ao longo da face e sair voando pelas costas da onda o mais alto possível, mas apenas para tentar ficar no ar, não querendo fazer disso uma manobra. Essa sequência é somente um voo para fora da onda de costas para ela, na qual agarrei a borda no lugar certo e fui capaz de controlar a prancha. Você pode me ver usando o pé de trás para estabilizar a prancha. Eu estava muito para trás das costas da onda para tentar aterrissar. Descendo com tanta velocidade, você precisa aterrissar na face da onda e passar direto para uma transição para ter qualquer chance de completar um desses.

5

Pela estrada

A trilha cigana

Isso é na França. Bruce Gilbert e eu estávamos em Bourdain, checando as ondas, provavelmente um dia ou dois antes de voamos para a Irlanda em nossa próxima aventura e depois para aquele ensaio de moda descrito no capítulo anterior. O vento estava soprando forte nesse dia e as gaivotas tentavam voar na direção contrária. Nós estávamos viajando e as observando. Esses são os extremos da minha vida, acho. Um dia dedilhando o *ukulele* e observando as gaivotas, no outro, em Paris, num ensaio de moda que não faz sentido algum.

A TRILHA CIGANA

Tantas vezes sinto que simplesmente não quero me mover.

Antes de partir para uma viagem, passo por um estágio no qual fico estressado com tudo, a não ser que esteja animado, tipo sabendo que as ondas vão estar excelentes. Tento viajar o mínimo possível e apenas levar as coisas que vão instantaneamente me fazer sentir em casa – roupas favoritas, caderno de anotações, computador. Tenho uma rotina bem programada na maioria dos lugares do mundo para onde vou. Na França, fico com Pierre Agnes (o presidente da Quiksilver Europe) em sua casa de hóspedes, que fica sendo minha casa por um mês ao ano. Na Austrália tenho um apartamento, que serve de base por alguns meses.

Sinto-me à vontade praticamente em qualquer lugar do mundo para onde eu vá, mesmo em países do Leste Europeu sem acesso ao mar, onde as pessoas não falam muito inglês. É bom sair da sua zona de conforto, porque é nessas horas que você aprende muitas coisas. Já no *tour*, quero conforto, e graças a muitos amigos, tenho isso. Levo minha mochila para o avião, um *ukulele*, minha mala a ser despachada e uma capa com seis ou sete pranchas. Se for viável, levo somente duas ou três pranchas, pois em muitos dos lugares para os quais eu vou já tenho pranchas. A primeira coisa que coloco na minha bagagem é meu diário, meu computador e meu *uke*.

O mergulho da vitória, uma tradição de Mundaka.

O PAÍS BASCO

Eu tinha dezessete anos quando vim aqui pela primeira vez.

Tom Curren e eu tínhamos os mesmos patrocinadores naquela época, Rip Curl e Op, então eu fiquei na casa de Tom, ainda que não o conhecesse muito bem. Ele era um herói para mim e me ofereceu um *tour* guiado pelo lugar todo. Dormi num carro em Mundaka, surfei em Lafitenia – me apaixonei pelo estilo de vida e cheguei a pensar de verdade em comprar uma casa ali. Tom e Marie (Curren) conheciam todos os bons lugares para comer e me apresentaram a Alain Gardinier (fotojornalista francês) e muitos surfistas dos quais sou amigo até hoje. Sinto-me totalmente à vontade lá.

Mundaka é a melhor onda da Europa quando tudo está certo. Você pode ter um bom dia em Hossegor, digamos em Graviere, porque provavelmente é mais divertido por ter mais ondas, e é mais fácil ficar no lugar certo para pegá-las. Quando está bom, Mundaka fica muito lotado, particularmente na época do ano em que estou lá. Na última vez que surfei lá, havia mais de cem pessoas na água. Um dia tão impressionante que eu estaria feliz, ainda que houvesse duzentas pessoas na água, mas quando está muito lotado as cabeças tendem a ferver de qualquer jeito.

Stephen Bell (também conhecido como "Belly Slater", carregador de pranchas e amigo)

Eu o conheci na sua primeira viagem à França, quando ele estava surfando em Estagnots com Tom Curren. Não sabia realmente quem ele era. Quando saiu da água, sentamos juntos na areia e observamos Tom surfar, simplesmente atônitos. Eu e ele nos demos bem logo de início e somos amigos há dezoito anos. Trabalhamos juntos em campeonatos pelos últimos seis ou sete anos.

Ele está em sua zona de conforto na França, entre amigos, tem seu próprio espaço, seu golfe. Há muitas atividades para mantê-lo interessado. Ele é noturno; pode ficar a noite toda acordado no seu computador. Não é que não queira passar seu tempo na área do campeonato. É que agora ele é de uma geração diferente. A mídia francesa sempre quer ver o Kelly fazendo coisas com o Jeremy Flores, mas eles são de gerações diferentes! As únicas pessoas que Kelly ainda tem no *tour* com quem pode se relacionar é o Taylor Knox e os Hobgoods. Por isso a França é tão boa para ele. Ele tem esse outro mundo à parte dos campeonatos.

TAVARUA (FIJI)

Fui para lá pela primeira vez em 1990, logo após ter assinado com a Quiksilver, e estávamos fazendo *Kelly Slater in black & white*. Eu tinha dezoito anos e havia muito tempo que sonhava em ir para lá, tendo ouvido todas as histórias sobre pescarias, mergulhos e ondas sensacionais. A impressão que tinha quando garoto é de que não poderia haver lugar melhor. Aí, quando cheguei lá, era quase como ir à escola. Meu irmão Sean esteve lá alguns anos antes e então era como se as pessoas já me conhecessem, como os professores na escola. Uma sessão extensa do *Black & white* apresentava entrevistas com Big John (o líder do vilarejo) e mais alguns outros. Isso criou uma boa conexão. Além disso, há algo no lugar que faz que você se sinta conectado. Aproximei-me de Scott Funk, um dos que operavam a ilha naquele tempo, e ele me convidou para voltar e ser piloto de barco. Na verdade eu ia fazer isso em 1991, mas eles começaram a ter problemas com outros surfistas que vinham em barcos, e os vilarejos passaram a enfrentar dificuldades em relação aos negócios envolvendo a ilha. Por alguns anos as coisas ficaram um pouco estranhas. Voltei em 1993, com Brock Little, e quando as condições estavam boas havia trinta pessoas surfando. Eles resolveram os problemas e desde então volto todo ano. Já tive meu próprio evento lá. O (chefe) Druku me disse, "Você é bem-vindo na minha ilha a qualquer hora como meu hóspede.". Simplesmente tenho essa maravilhosa conexão com essas pessoas. Eu os amo e por alguma razão eles me amam.

Chamando o barco em Cloudbreak. Hora de voltar para o *resort*.

111

Cloudbreak num outro estado de humor.

Há algum tempo estava querendo fazer um evento por ter essas ideias de como campeonatos devem ser julgados e organizados, e eu realmente queria colocá-las em prática. No circuito profissional nós temos períodos de espera de dez dias. Tavarua é reservada de semana a semana, mas havia três ou quatro dias livres. Então, encaixamos o Kelly Slater Invitational antes do início do Quiksilver Pro Fiji, aproveitando que, de qualquer maneira, os pros iriam para lá. A ideia era testar coisas que pudessem aprimorar o surfe profissional, mas acabamos convidando algumas celebridades – e eu odeio usar essa palavra – que são apaixonadas por surfe. Não havia pressão a respeito de desempenho; eles puderam relaxar e vivenciar o que fazemos. É um clichê dizer isso, mas foi uma experiência muito rica. Muita gente disse que aquela tinha sido a melhor viagem que fizera. Num plano pessoal, quando vi que Perry Farrell do Jane's Addiction, Tony Hawk e Jackson Browne não queriam ir embora, foi uma coisa muito especial. Nunca me esquecerei de meu irmão Sean e eu dividindo o microfone para cantar todas aquelas músicas sensacionais que nós crescemos ouvindo.

Improvisando no KS Invitational, Kelly, Sean e Jackson Browne.

QUIKSILVER CROSSING

É muito empolgante quando você está naquela posição privilegiada

de poder surfar onde ninguém jamais surfou. Era disso que se tratava o Crossing. Foram seis anos navegando pelos trópicos buscando ondas ainda não surfadas e verificando as bancadas de coral. Provavelmente a melhor lembrança que tenho do Crossing é quando eu estava no barco com meu irmão Stephen, Verônica Kay e Troy Brooks na primeira viagem. Horny (Jeff Hornbaker) e Don King estavam fotografando, Martin Daly era o capitão. Voamos até Port Moresby para embarcamos em direção às Ilhas Solomon. Nós tivemos uma pescaria excepcional, mas não pegamos muitas ondas. Havia várias passagens nas bancadas para o posicionamento perfeito. O vento estava bem calmo na maior parte do tempo e, se houvesse ondulação, teria sido incrível. Acho que a ondulação cresceu um pouco depois que fui embora, mas passei dez dias no barco e surfei talvez meia dúzia de ondas que batiam no meu peito.

A vida marinha era inacreditável. Havíamos escutado histórias sobre crocodilos que teriam aparecido ao redor da ilha, onde estávamos nos preparando para surfar. Ficamos um pouco paranoicos, mas como estávamos numa bancada de coral distante da ilha, por fim, pensamos que não haveria problemas. Dirigindo para fora através do canal, vimos um cardume enorme de golfinhos ao nosso redor e depois um bando de tubarões misturados a eles. Toda vez que parávamos o barco, uns seis a oito tubarões vinham nos examinar. Mergulhamos com eles várias vezes e ficamos acostumados a tê-los ao nosso redor. É muito mais assustador estar numa prancha e ver um tubarão nas proximidades do que estar embaixo da água interagindo com eles; deste modo, você poder ver como se comportam em seu ambiente natural.

Day #2

Date: _____

[nota manuscrita:] reading on the depth meter sounded from 60 feet one second to 200 the next. There's a good possibility of losing the boat out there. We've ventured into a number of villages. Their means and ways are simple. Eat what is available, build from that which already stands here. Nails are scarce. Radios don't seem to exist. They had collected a few shells from the beaches and had necklaces called EBARAGU which celebrated happiness but seemed to have no conventional form like jewelry we know, just some shells a couple beads and a few more shells on string in no particular order or shape. One old woman of 90 or so had no teeth but smiled bright as day. Plumerias covered her shy smile and seemed to make you forget her age. She seemed like a young child. Not a care in this simple, uncomplicated, never-changing world. Nothing to cloud her vision or make her sad except maybe the makeshift cemetery adjacent to her home, her open shack. She had tattoos all down her arms and she offered Jeff one. He settled for a younger lady's EBARAGU. Behind her shack was a burnt stump amidst tall beautiful palms. A straw hat covered the stump. I took it off to put on and take a photo as a huge, brown spider lept out and chased me away, only to hide under a giant clam shell that seemed to be hundreds of years old. That got us on to conversations of how animal and insect life were even found their way here. For instance, beautiful red and green parrots buzzed our heads numbers of times this day as we walked the shores finding shells. How did they get here? How does anything get here? Even us? Maybe the fish lead us.

Nessa viagem, o encontro com garotos da ilha navegando em suas canoas resultou em algumas belas imagens. Infelizmente, tive que ir embora mais cedo e perdi essa oportunidade, mas meu irmão Stephen estava lá. Ele me contou que eles ficaram muito animados, gritando e rindo cada vez que ele surfava uma onda. Era a primeira vez que eles entravam em contato com o surfe, ainda que sua cultura tenha sido envolta pelo oceano por milhares de anos. A beleza do Crossing está no fato de que era um modo de levar o surfe às muitas pessoas que o desconheciam.

Escrevi no diário de bordo do capitão sobre uma incrível anciã que conhecemos. "Plumérias cobriam seu tímido sorriso que parecia fazer a gente esquecer sua idade. Ela parecia uma criança novinha. Não há preocupações neste simples, descomplicado e imutável mundo." Estávamos no meio do nada – nos disseram que ali passavam cerca de doze barcos por ano. Os habitantes da vila tinham um quadro-negro e estudavam matemática. Isso me pareceu esquisito, pois havia apenas umas doze pessoas lá e não esperaria vê-las estudando. É claro que os missionários haviam passado por ali gerações antes e os ensinado a ler e escrever, mas mesmo assim isso parecia muito estranho no meio do nada.

Esta página dupla: Quiksilver Crossing, 1999.

KING ISLAND

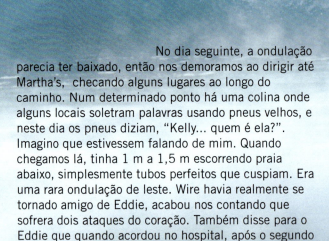

Não tenho certeza de como isso aconteceu.

Sean Dave (fotógrafo) e também esse cara, Wire, que é amigo de Derek Hynd, estavam envolvidos na história. Nessa época, em 2001, não participei do circuito, fiquei na Austrália por um tempo, surfando com Derek. Eddie Vedder (do Pearl Jam) por acaso estava em Sydney com sua namorada. Eddie é um cara calmo, que não gosta muito de se expor e por isso pensei que talvez curtisse uma viagem de surfe. Liguei para ele, que disse, "Claro, vamos nessa.".

Estava um frio de congelar, mas as ondas eram muito divertidas. As ondulações envolviam a ilha de ambas as direções. Começavam como ondulações de oeste e, após um ou dois dias, passavam ao redor da ilha pelo lado leste também. Tínhamos esses picos incríveis para cima e para baixo da praia, num lugar chamado Martha's. Procuramos lugares por toda a ilha e surfamos alguns deles, que provavelmente nunca haviam sido surfados – lugares bem "selvagens", que davam a impressão de haver tubarões nas proximidades do farol. Também surfamos uma esquerda considerável quebrando ao longo de uma ponta. Eddie nunca havia surfado numa prancha pequena e Derek trouxe algumas pranchas com bastante flutuação, cópias da prancha okd de1984 do Occy. Remamos com ele até a ponta e o colocamos numa onda. Ele realmente curtiu.

Na segunda noite em que estávamos lá, fizemos essa fogueira enorme. Um amigo meu de Bells Beach chamado Red Whyte, que surfa e toca música, estava com a gente e nós improvisamos essa canção dele chamada "The lucky country" [O país sortudo]. Começamos a tocar ao lado da fogueira e imagino que a notícia foi se espalhando e as pessoas aparecendo. Havia umas cinquenta pessoas ali, provavelmente a maior festa que já aconteceu em Kings Island. Por alguma razão, havia um montão de perus selvagens correndo ao redor por todos os lados e tivemos a ideia de pegar um e comer. Alguns garotos acabaram derrubando um peru de uma árvore com uma pedra e o mataram, mas não tenho certeza se o comeram. Noite estranha.

No dia seguinte, a ondulação parecia ter baixado, então nos demoramos ao dirigir até Martha's, checando alguns lugares ao longo do caminho. Num determinado ponto há uma colina onde alguns locais soletram palavras usando pneus velhos, e neste dia os pneus diziam, "Kelly... quem é ela?". Imagino que estivessem falando de mim. Quando chegamos lá, tinha 1 m a 1,5 m escorrendo praia abaixo, simplesmente tubos perfeitos que cuspiam. Era uma rara ondulação de leste. Wire havia realmente se tornado amigo de Eddie, acabou nos contando que sofrera dois ataques do coração. Também disse para o Eddie que quando acordou no hospital, após o segundo ataque, estava cantando "Alive" [Vivo] do Pearl Jam. Nem preciso dizer que Eddie ficou muito emocionado.

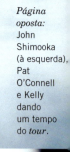

Página oposta: John Shimooka (à esquerda), Pat O'Connell e Kelly dando um tempo do *tour*.

King Island, Austrália, 2001.

JEFFREY'S BAY

A primeira vez que ouvi falar qualquer coisa sobre o lugar foi quando Occy venceu lá em 1984. Ouvi dizer que era um lugar onde você realmente era testado como surfista, destacando seus pontos fortes e fracos. Trata-se de velocidade e fluidez, de ir conectando os pontos até lá embaixo, no fim da linha. Acho que Jeffrey's Bay, assim como Pipeline, era uma onda na qual eu realmente queria surfar muito bem. Toda vez que via fotos de lá, imaginava as linhas que iria desenhar nela. Uma coisa que percebi é que pouquíssimas pessoas viravam diretamente na direção da espuma. Havia muitas manobras onda abaixo, batidas na crista, muitas passadas por cima da espuma, em que se deixava a onda fazer o trabalho. Eu queria enfrentá-la. É uma das ondas tidas como clássicas no mundo e queria me testar nela.

J-Bay definitivamente existe dentro de uma bolha de surfe. Se você for lá, surfar, comer e dormir, não vai notar nem a favela a cinco minutos de distância da onda e a enorme pobreza que existe por lá, como acontece em grande parte da África. A cidade é construída sobre o surfe e a pesca, e muita gente pratica essas duas atividades.

Como um jovem surfista, eu sonhava que se fosse bem-sucedido teria uma casa em todas as fantásticas ondas do mundo que quebram ao longo de uma ponta de praia (*point breaks*). Há cinco anos cheguei muito perto de comprar uma casa em Jeffrey's. A casa pertencia a Mike Tabeling (surfista dos anos 1960) que estava se mudando novamente para a Flórida. Durante aquele período, me liguei à escola de surfe local. Jantei muitas vezes na Kitchen Windows, onde o clube de surfe funcionava. Conheci todos os garotos e eles passaram a ser meus carregadores de prancha. Entre as baterias, ficávamos brincando de luta, bagunçando e nos divertindo. Dei umas pranchas e algum dinheiro para ajudá-los a manter a escola funcionando. Fiquei muito próximo de um garoto, realmente me afeiçoei a ele. Quando voltei no ano seguinte, perguntei sobre ele e me disseram que havia começado a cheirar cola, o que muitos deles fazem.

Nunca fui à antiga África do Sul, pré-Mandela. Fui pela primeira vez em 1991, bem na época em que Mandela saiu da prisão e as coisas começaram a mudar. Mas por causa da epidemia de aids, do desemprego e da pobreza, a situação continua difícil para muitas pessoas. Parece que os confrontos raciais se tornaram menos frequentes e posso dizer a você que me sinto confortável lá. Não me sinto inseguro. Que coisa maravilhosa para Mandela regressar e liderar seu país. Recentemente recebi essa mensagem de um amigo que estava na África do Sul:

"Cara, nós acabamos de almoçar com Nelson Mandela, o que foi inacreditável demais. Começamos a falar de surfe e seu nome surgiu no meio da conversa e Nelson disse, 'aquele homem, Kelly Slater, meu neto o acompanha, ele é um sujeito muito focado no que faz...'. Isso não é foda!?".

É muito foda. Essa eu estou guardando para os *meus* netos.

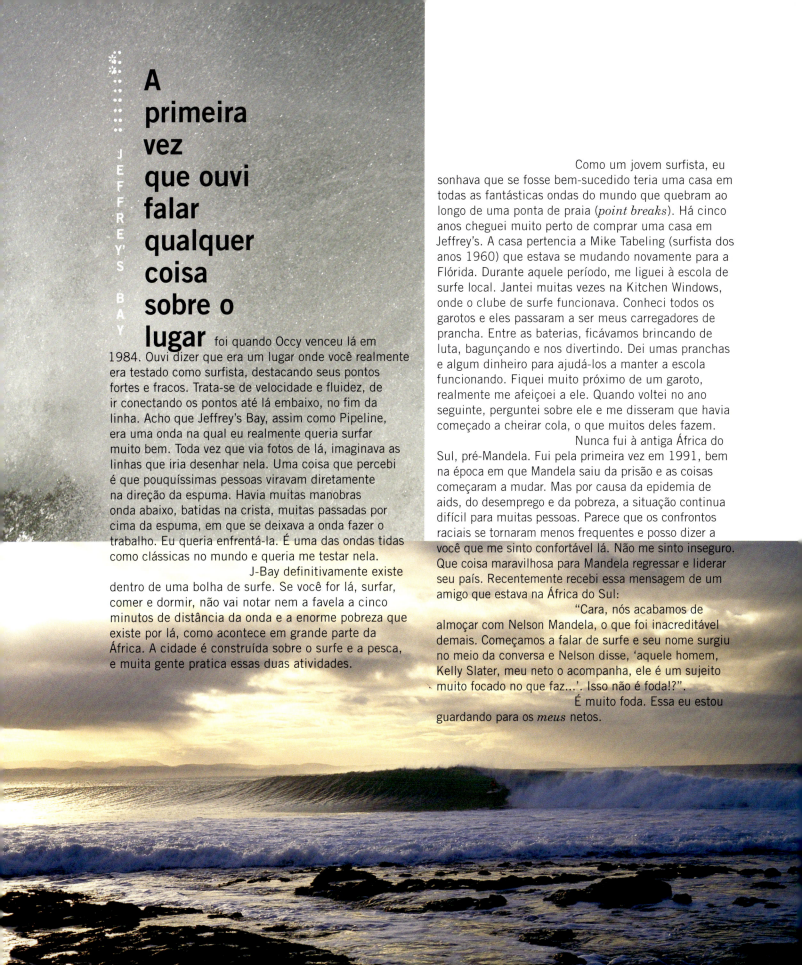

Eu queria ir para a Irlanda havia anos.

IRLANDA

Curtindo em Bundoran.

À esquerda: da esquerda para a direita, Gabe Davies, Briohny Radda, Richie Fitzgerald, mulher não identificada, KS e Andy Keegan.

Não sei muito sobre as minhas origens para saber de onde venho, mas acredito que os Slater eram do Sul. De qualquer maneira, meus amigos Gabe e Lauren Davies estavam indo para lá. Quando chegaram, Gabe me ligou e disse que havia pegado as melhores ondas de sua vida e riu como uma criança. Meu amigo Bruce Gilbert e eu ainda tínhamos um tempo livre antes de voarmos de volta para os Estados Unidos, então, pegamos um voo e dirigimos de Dublin para Bundoran. Na primeira noite, fomos direto ao Brennan's Pub e tomamos uma Guinness. Eles nos mostraram um pequeno cubículo na frente e explicaram que era para as mulheres que quisessem vir tomar um drinque, porque *pubs* eram para homens. Não consumo muito álcool, mas foi interessante ver como é uma parte importante da cultura deles.

No dia seguinte, as ondas estavam bem pequenas, mas dirigimos para Eskey, onde há um castelo legal. As pessoas deviam ser minúsculas naquela época, porque era como uma coleção de cubículos. Embaixo do castelo havia, pelo menos, uma dúzia de bancadas e, à medida que a maré subiu, nós surfamos uma esquerda pequena. Eu estava com esperanças de que me deixassem ficar sozinho na Irlanda, mas Gabe tinha com ele uma equipe fazendo um filme de surfe. Em todos os lugares para onde íamos surfar, os locais eram avisados por alguém e vinham surfar com a gente. Mas as pessoas eram gentis, doces e genuínas.

Deixar a Irlanda foi uma saga. Eu estava tentando escapar de uma entrevista que tinha que fazer em Paris, porque queria ficar na Irlanda um pouco mais. Acordei na manhã da entrevista, cheguei os voos e liguei para a Quiksilver dizendo que simplesmente não seria possível chegar lá. Eles falaram, "nós vamos fazer isso acontecer". Kate Winslet era a outra entrevistada e disseram que era muito importante para a relação da Quik com a emissora de TV. Então nos colocaram num helicóptero de volta para Dublin, e como Gabe e Lauren nunca haviam voado de helicóptero, vieram junto também pelo passeio. Em Dublin, havia um avião privado esperando para nos levar a Paris, onde chovia sem parar. Depois entramos em outro helicóptero – que nos levou para o interior da cidade, onde saltamos para dentro de uma limusine, andamos nela por cinco minutos e fomos direto para o estúdio e para a entrevista.

Levando tudo em consideração, é o melhor lugar do planeta.

TAITI

Os franceses possuem o estilo de vida, mas os taitianos possuem o estilo de vida e o melhor ambiente que você poderia desejar conhecer. Uma coisa interessante a respeito dos taitianos é que eles não recebem você em suas casas, eles simplesmente dão a casa para você! Fui para lá com Strider Wasilewski e Bruce Gilbert, e Raimana Van Bastolaer, sua esposa e filha nos deram seus quartos. Eles dormiram em colchonetes na frente da TV. Como eu estava sob o efeito da diferença de fusos horários e fora de sincronia, me levantava bem tarde na maioria dos dias, e mesmo assim conseguia dar umas remadas de SUP (*stand up paddle*) e pegar umas poucas ondas. O Taiti tem um lugar especial no meu coração, como no da maioria dos surfistas que vão para lá. É o lugar mais bonito que você poderia imaginar, com as montanhas, vales e tudo muito verde e exuberante. Não há um dia que você não veja um arco-íris, a temperatura da água é perfeita e todo mundo tem um sorriso no rosto.

Taiti, 2006.

Num dia em que Mundaka está lotada, um cara normal terá a sua onda invadida por outras pessoas ou roubada por um profissional. Nesse dia em particular, conversei com as pessoas lá fora que já estavam há mais de uma hora sem pegar uma onda, o que pode ser bem frustrante. Mas se você conseguir pegar aquela onda... peguei algumas boas nesse dia, mas esta realmente se destacou. Eu estava remando e havia seis caras esperando para descer a onda na minha frente... eles ficam esperando você enterrar uma borda. Mas nesta onda provavelmente fiquei quinze segundos dentro do tubo. Peguei um tubo longo, saí, e peguei outro mais longo ainda no interior da baía, onde a onda faz uma curva. Mundaka pode ser absolutamente hipnótica. Você entra num tubo lá e sente como se estivesse parado debaixo de uma cachoeira, porque ele simplesmente não muda.

Luzes, câmera, ação!

Pelo show

KS encara os *surfarazzi* no banquete da ASP, Gold Coast, fevereiro de 2007.

Algumas das lembranças mais antigas que tenho de minha infância são de meu pai tocando violão

VAI COM TUDO

e minha mãe tocando banjo, mas, estranhamente, não me lembro deles tocando juntos. Minha mãe definitivamente tinha uma boa voz. Tenho apenas vagas lembranças de meu pai cantando. Nunca soltava a voz de verdade, mas sabia algumas músicas do Van Morrison e um pouco de Cat Stevens, coisas desse tipo – Jackson Browne, John Denver. Ele tocava violão clássico e mamãe tinha um banjo Gibson de 1939 com o tampo dourado, um instrumento incrível. A música preenchia uma grande parte de nossa vida diária, mas, enquanto crianças, nenhum de nós tocávamos. Tínhamos uma bateria que espancávamos de vez em quando, mas nunca aprendemos uma batida.

Na verdade, a cicatriz no meu nariz foi causada por um chimbau que foi jogado para cima. Se foi eu ou meu irmão quem jogou, realmente não sei, mas daquele ponto em diante a música estava em mim, por assim dizer. Parece que, quando tinha cinco anos, eu costumava cantar bastante. Um dia meu tio Big Bob, que era meu herói, estava levando minha mãe e eu para a praia, e, então, fiquei de pé no assento traseiro e comecei a cantar "Midnight Blue", de Melissa Manchester, cantei-a do começo até o fim. Minha mãe disse que ela olhou para o Big Bob e ele estava chorando. O fato é que toda vez que ela conta essa história, ela começa a chorar. Agora esqueci a música, mas naquele tempo eu a tinha memorizado.

Não segurei um violão até a época antes da minha formatura do segundo grau escolar. Minha mãe me deu um violão de cordas de metal Sigma e comecei a tocar. Nos dois invernos seguintes, Rob (Machado) e eu ficamos juntos no North Shore, e Peter King (surfista e músico) passava em casa e nos ensinava algumas coisas. Jack (Johnson) ficava por perto, com Donavon Frankenreiter e Tom Curren. À margem, Timmy Curran, que era um pouco mais novo, mas muito influenciado por Jack. Colocávamos os fones de ouvido no Tom e botávamos as músicas que gostávamos para tocar e ele descobria imediatamente como tocá-las. Ficávamos todos atônitos. Eu achava muito comovente que ele pudesse simplesmente tirar a música daquele jeito. Como eu nunca havia tido uma educação musical formal, não sabia que poderia ser tão fácil tocar uma música. Comecei a aprender a ler música por conta própria, mas justamente quando eu estava passando a entender, me toquei que era possível ler apenas as cifras/tablaturas. Então peguei o atalho.

Acredito que esse tipo de coisa aconteça nos esportes, na arte, na moda e na ciência; as pessoas que têm ideias similares se juntam e desenvolvem um caminho. Mas não é muito comum haver uma comunicação entre esportes e música, com exceção talvez do basquete e do *hip-hop*. Surfe parece que combina com violão e *ukulele*, música acústica. Acho que isso vem do fato de que a cultura do surfe começou com pessoas acampando na praia e dedilhando violões. Isso definitivamente se tornou parte de nossas vidas. Parece clichê, mas isso é exatamente o que fazemos. Nós acendíamos uma fogueira na praia e passávamos os violões de mão em mão e tocávamos as músicas que todos conheciam. Quando você faz isso muitas vezes, os acordes e a estrutura das melodias simplesmente se tornam parte de você. Fica muito mais fácil de aprender.

Você sabe, Jack começou tocando música *punk*. Bem, originalmente acústica, claro, mas sua primeira banda era *punk*. Eram só seus amigos do colegial. A banda se chamava Limber Chicken. Ele começou a baixar o tom na faculdade e suponho que tenha ficado mais confortável com música calma. Nunca entrei na coisa do *punk*, mas Rob, sim, um pouco, com uma banda chamada Sack Lunch, e a Great Outdoorsmen antes dessa. Quando estávamos aprendendo a tocar, passeávamos no carro do Rob escutando a Great Outdoorsmen, músicas sobre o vagabundo da vizinhança... ou o que fosse. Era bem divertido. PK (Peter King) tinha algumas bandas, mas a principal era a Dakota Motor Company. Eles gravaram alguns discos e cantei com eles algumas vezes no começo.

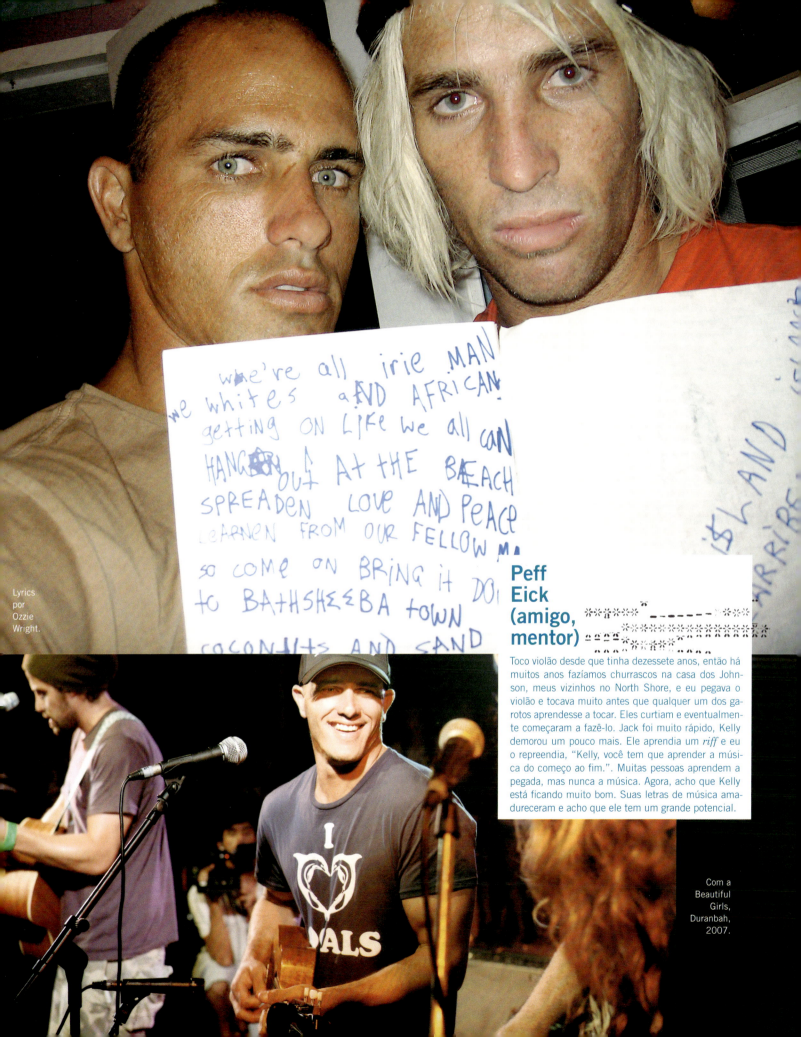

Lyrics por Ozzie Wright.

Peff Eick (amigo, mentor)

Toco violão desde que tinha dezessete anos, então há muitos anos fazíamos churrascos na casa dos Johnson, meus vizinhos no North Shore, e eu pegava o violão e tocava muito antes que qualquer um dos garotos aprendesse a tocar. Eles curtiam e eventualmente começaram a fazê-lo. Jack foi muito rápido, Kelly demorou um pouco mais. Ele aprendia um *riff* e eu o repreendia, "Kelly, você tem que aprender a música do começo ao fim.". Muitas pessoas aprendem a pegada, mas nunca a música. Agora, acho que Kelly está ficando muito bom. Suas letras de música amadureceram e acho que ele tem um grande potencial.

Com a Beautiful Girls, Duranbah, 2007.

Jack Johnson (músico, surfista, amigo)

Uma vez, nós construímos violões durante algumas semanas no barracão do meu pai, trabalhando noite adentro. Na noite anterior ao Pipe Masters em que ele conquistou um de seus títulos mundiais, ficamos até tarde trabalhando neles. Lembro de dizer, "ei, nós devíamos ir dormir", e o Kelly, tipo, "Ah, não posso dormir agora". Ficamos acordados até depois das duas, lixando e misturando serragem com cola para colocar nas frestas. Eu estava com muito medo de que ele perdesse um título mundial e que a culpa fosse minha!

Pamela Anderson (atriz, amiga)

Nós ficávamos no North Shore na casa ao lado de Jack Johnson. É bem louco, sabe, todas essas músicas que venho escutando no rádio, lembro de Jack e Kelly as cantando em volta de uma fogueira. Kelly sumia por algumas horas e ninguém sabia onde ele estava. Aí, ele voltava e tinha subido numa árvore para tirar um som do violão.

THE SURFERS

Uma vez nós tocamos num show

na Sunset Elementary School. Donavan, Jack, eu, PK, Rob e Curren na bateria. Eu cantei, Jack tocou baixo. Era uma banda totalmente surfe. Donavan tentou liderar, mas ele ainda não sabia bem como. Tocamos três músicas que tínhamos escrito enquanto não estávamos fazendo nada na casa do Jack. Acho que não havia muitos shows no North Shore naquela época, provavelmente em meados de 1995. Acredito que a banda do Pat Rawson (*shaper*) tocou depois da gente. Rob, Peter e eu vestíamos as camisas da marca Ke Nui, do Pete Johnson. Essa era nossa vestimenta de Beach Boys ou coisa parecida. Acho que ainda tenho a minha camisa.

Nessa época, um cara chamado Roger "Snake" Klein, que trabalhava para a Epic Records, tinha passado um tempo com PK em Orlando, trabalhando num programa da MTV chamado *Sandblast*. Um dia vieram até Cocoa Beach para surfar. Ficaram na minha casa e PK contou que tínhamos escrito algumas músicas, e então nós tocamos para ele. Roger disse, "Nós devíamos gravar isso. Na verdade, porque não fazemos um disco?". Eu não sabia muito bem quem era aquele cara ou o que ele fazia, mas em um ano a ideia se tornou realidade. Foi ele quem nos apresentou a T-Bone Burnett. Eu gostava de algumas das bandas que T-Bone havia produzido e Roger marcou um encontro na casa de T-Bone, em Los Angeles. Cantamos nossas músicas para ele, que apenas fechou os olhos, depois tomou algumas notas e criticou um pouco o meu jeito de cantar e a estrutura das músicas. Aí ele disse, "Ok, vou trabalhar com vocês.".

Isso foi o que ele disse. Não tenho muita certeza do que pensou de verdade! Jogamos na mesa alguns nomes para a banda, mas toda vez que aparecíamos para gravar, era "Ah, aí vem os surfistas.". Então a banda se tornou The Surfers.

Fiquei extasiado com T-Bone. Uma das primeiras vezes que fui à sua casa, Elvis Costello estava lá. De repente, me toquei, "Uau, aqui estamos no centro do mundo da música". Do nada, agora já éramos músicos. Claro que eu não estava nem um pouco preparado para isso, e fiquei meio assustado. Sentia que não merecia. Tive dificuldade de aceitar o fato de que tínhamos um disco sendo lançado por um selo importante.

À esquerda, no alto: improvisando com Moby.

À direita: rock na Sunset Elementary School.

131

Pamela Anderson

Não acho que Kelly quisesse estar nas gravações de *S.O.S. Malibu*. Ele realmente não se encaixava. Mas você sabe como é, Kelly tem aquela presença em qualquer lugar que vá. Ele está lá, mas não está. Vive em seu mundo próprio, faz sua própria rotina. Quando você o pegar, segure. Em *S.O.S. Malibu* estavam sempre procurando por ele. Tinha ido surfar. Ele não era um ator natural, mas acredito que ninguém naquele seriado fosse. *S.O.S. Malibu* não tinha a ver com interpretar. Fez um enorme sucesso em 150 países, porque você podia assistir com o som desligado.

Quando, no início dos anos 1990, apareci no seriado *Baywatch* (*S.O.S. Malibu*), nunca senti que pertencia àquele mundo. Nunca estive lá de corpo e alma. Já isso era diferente, pois se baseava em algo por que eu era apaixonado de verdade. Mas também havia um elemento irreal. Minha sensação era de que eu devia ter feito alguns discos por conta própria e subir aos poucos até chegar lá. Como PK já havia gravado discos e trabalhado em outros, ele nos deixava um pouco mais à vontade. Ele era realmente o líder, mas havia esse foco em cima de mim para que eu fosse o cantor, o que eu não apreciava muito. Eu queria cantar, escrever e fazer música, e algumas partes do disco significam muito para mim. Escrevemos uma música sobre Todd Chesser chamada "Not your slave". Lembro de PK e eu sentados no estúdio chorando, enquanto escrevíamos as letras. Só haviam se passado seis meses desde que ele se afogara, então aquilo ainda estava muito recente, e imagino que isso ajudou a encerrar o sofrimento com a morte de Todd.

Curiosamente, para alguém que passou muitos anos no circuito profissional de surfe, achei muito difícil viajar fazendo shows com a banda. Você toca, fica acordado até tarde e, aí, no dia seguinte, viaja de novo. Na verdade, odiei isso – o que não quer dizer que não me diverti. Os caras eram demais e tivemos algumas experiências memoráveis. Numa noite, tocamos em Fort Lauderdale para, talvez, umas trinta pessoas. Havia mais de nós do que deles! Um furacão se aproximava e todo mundo estava sendo evacuado. Tocamos para esse pequeno grupo, mas foi muito divertido, como se estivéssemos tocando em nosso quintal. De qualquer maneira, muitas das pessoas eram nossos amigos, e aquilo acabou virando uma celebração. The Surfers fez turnês nos Estados Unidos, na Alemanha e no Japão, onde fizemos nosso *tour* de despedida em 2000. Abrimos para o Pearl Jam na Flórida, num palco anexo, diante de dezoito mil pessoas e vendemos cerca de setenta mil cópias do nosso disco, *Songs from the Pipe*, ou seja, ainda que não tenhamos incendiado o planeta, mandamos bem. Talvez tenhamos vendido sessenta mil cópias no Japão. Não tenho muita certeza.

Acho que gosto da ideia de escrever sozinho e gravar no meu tempo livre enquanto estou viajando. Naquele tempo, eu não poderia, de jeito algum, ter feito um disco sem Peter e Rob. Uma de nossas canções, "Never", foi usada na trilha sonora do filme *Nas mãos de Deus*. Escrevi a letra num avião a caminho da Austrália. Quando voltei, Peter queria gravar uma faixa vocal para o filme e perguntou se eu tinha alguma letra. Falei que tinha escrito algo, mas como não gostei, joguei fora. Ele disse, "Bem, onde você a jogou?" e me fez pescar a letra de dentro da lata de lixo. Eu a cantei e acabei realmente adorando. Por alguma razão eu não queria cantar aquela letra, mas fiquei feliz que Peter a retirou do lixo.

"Never" falava de pessoas que eu conhecia que diziam sempre que iriam deixar as drogas ou a bebida, mas quando você as encontrava novamente, era a mesma porcaria. Para mim, essa música simboliza essa mentalidade.

Penso que qualquer pessoa que já escreveu a letra de uma música vai dizer a você que ela pode vir de qualquer lugar. Às vezes, você começa tocando um acorde e depois as palavras apenas se encaixam e tudo se junta. Outras vezes, você tem uma melodia na sua cabeça e precisa descobrir os acordes que combinam com ela. Provavelmente as melhores músicas são as mais simples. Eu me considero um compositor amador, mas mesmo no nível mais alto desse jogo, duvido que o processo seja muito diferente. Uma coisa que descobri entre compositores é que seu melhor trabalho não vem depois de se sentar com a intenção de escrever uma música – parece que ela simplesmente surge.

À esquerda: trabalhando no *set list* com Eddie.

Abaixo: com Eddie no Eddie.

EDDIE

Em 2005, quando ganhei meu sétimo título mundial, Eddie queria comemorar comigo, fazer algum tipo de show, talvez algo acústico, mais simples. Iríamos tentar organizar as coisas para coincidir com a turnê do Pearl Jam na Austrália. Sou muito amigo, de longa data, de Koby e Sunny Abberton (surfistas e produtores do filme *Bra Boys*). Há alguns anos, surfei no campeonato Snickers Open em Maroubra, e me interessei pelo que estava acontecendo com a comunidade ali, então comecei a conversar com o pessoal de lá sobre a possibilidade de fazer um show beneficente do Pearl Jam em Maroubra. Essa era minha ideia para meu aniversário em 2006, mas as datas do *tour* do Pearl Jam mudaram e isso acabou não acontecendo. Eddie sempre quis fazer um show no North Shore em prol das causas ambientais com as quais ele e a banda toda estão envolvidos há anos. Eles, por exemplo, já doaram dezenas de milhares de dólares para a Surfrider Foundation, especificamente para a campanha Salve Trestles. Quando conquistei meu oitavo título, no fim de 2006, o Pearl Jam estava encerrando uma turnê mundial de dois anos em dezembro no Havaí, tocando com o U2, e finalmente tudo deu certo.

Havia uma grande área ameaçada atrás de Pipeline e sua defesa ficou conhecida como Paumalu Project. Uma empresa japonesa era dona da terra há vinte anos e Jack Johnson estava fazendo uma turnê no Japão e convenceu a diretoria dessa empresa a vender a terra de volta ao povo, pelo preço que eles pagaram por ela. Mas o dinheiro ainda tinha que ser obtido de alguma forma e esse show passou a ter como objetivo levantar fundos para o Paumalu Project.

A Quiksilver se envolveu e conseguimos organizar um show no Vale de Waimea, logo após a cerimônia de abertura do Eddie (Aikau). O Pearl Jam tocou para umas trezentas pessoas.

Uns seis anos antes, Eddie tinha me convidado a subir no palco para tocar em Brisbane e amarelei... de tanto medo do público. Essa era a noite da minha segunda chance e subi para tocar uma das minhas músicas favoritas do Pearl Jam, "Indifference", revezando os versos com o Eddie, e depois uma canção do Neil Young, "Rockin' the free world", no final. Quando voltei ao palco para a última música, o técnico de som saiu correndo com a guitarra e eu pensando que ia tocar guitarra nessa! Ai ele volta com uma guitarra diferente para mim, que tinha esse adesivo SL8R nela. Pensei, isso é muito legal – Eddie colocou o adesivo para mim. Então, quando estava olhando para a guitarra na metade da música, percebi que não era um adesivo: a guitarra tinha sido feita em uma placa com aquela inscrição gravada nela! Fiquei absolutamente emocionado. Eddie uma vez me disse que Pete Townshend era seu favorito, pois foi o primeiro guitarrista a tocar no ar. Acho que eu estava fazendo uma imitação dele, quando cheguei ao final da música!

Foi um show inacreditável. Quando acabamos, fui devolver a guitarra ao técnico e ele me disse, "Espere, vou pegar o estojo pra você.". E eu, "Do que você está falando?". E ele, "É sua, cara.". A guitarra era um presente da Gibson e da Quiksilver. Definitivamente um dos melhores presentes que eu jamais poderia ganhar.

Acredito que, quando você fica muito bom em alguma coisa, pode descansar nas suas glórias, e se achar que isso deixa você realizado, por que não? Mas se você olha uma foto como essa, e pensa que poderia ter ido um pouco mais fundo, um pouco mais vertical na batida, isso vai levar sua habilidade física ainda mais longe e abrir sua mente para a biomecânica do que você está fazendo. Filosoficamente, acredito que você pode aprender muito sobre você mesmo e o que é possível no mundo apenas indo um pouco mais adiante.

À esquerda: "Rockin' the free world", com o Pearl Jam, Waimea Canyon, dezembro de 2006.

À direita: bastidores, San Diego, 2006.

A foto 8 foi usada para uma publicidade depois que ganhei meu sétimo título. Você pode ver o quanto ameaçadora a onda estava naquele momento, mas quando entrei nela, bem, se você olhar a foto 3, parecia ter um pouco menos que 2 m, depois ela começou realmente a se transformar numa onda de 2,5 m. É uma daquelas ondas com um pouco de ondulação de norte em Pipeline, quando você está quase entrando nela; mas, aí, a massa de oeste a atinge como uma cunha. É muita energia. Se você olhar antes e depois da foto 12, se aquela crista estivesse caindo em você, provavelmente acabaria no hospital. Lembro de remar para essa onda porque estava muito focado. Sabia o quanto seria intenso depois que eu entrasse nela. Acho que é o Braden Dias bem atrás de mim na foto 1. Havia outros dois caras remando para a onda e Braden era um deles, mas eu estava mais para dentro do pico e no lugar certo. Recordo que poderia estar um pouco mais fundo, mas se eu estivesse, suponho que não ficaria tão tranquilo. Quando saí da onda, pensei, "Bem, poderia ter feito isso com um pouco mais de dificuldade.". Mas, no entanto, nesse lugar e nessa situação, é melhor errar para o lado da cautela.

Pelo futuro

O mundo segundo KS

A visão mundial desde Cocoa Beach.

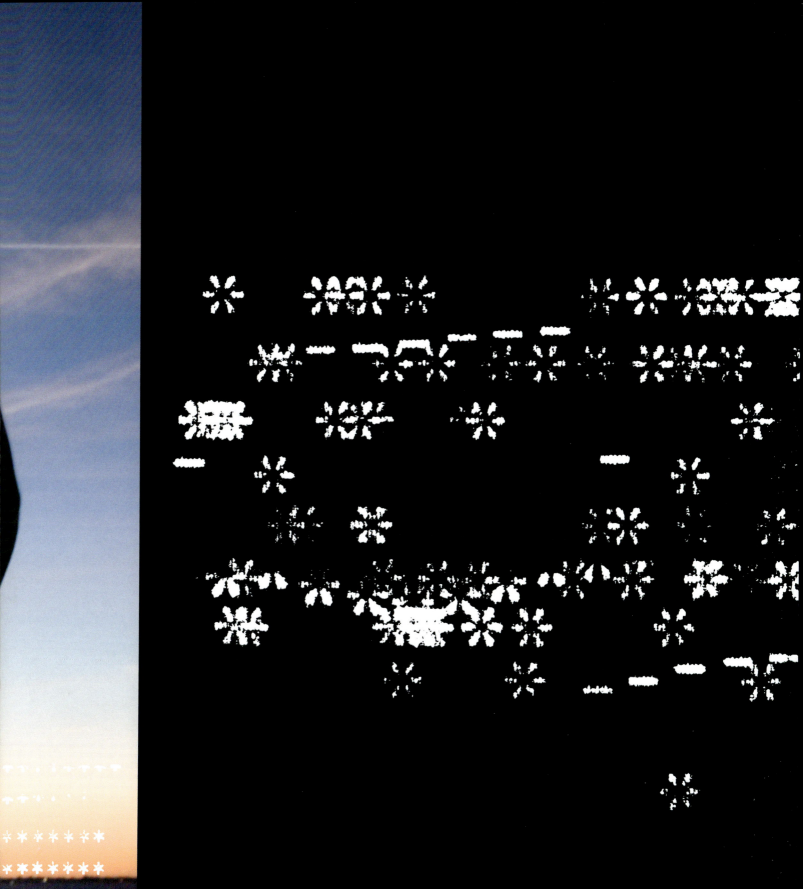

POLÍTICA

Originalmente eu ia escrever uma abrangente e longa explanação do que penso

sobre a guerra em que nos encontramos, as tragédias que nos levaram até ela e como vejo as coisas acontecendo como resultado direto disso. Tenho várias opiniões que não são muito populares entre aqueles que apoiam o que aconteceu nos últimos sete anos. A maioria dos americanos encara isso como uma defesa dos Estados Unidos e não há nada que alguém possa dizer para convencê-los do contrário depois de terem visto o que aconteceu em Nova York em 11 de setembro. Mas acredito que a questão maior é o que foi que nos levou àquela situação e quais as razões por trás do que aconteceu?

Parece que nos metemos em tantas coisas ao redor do mundo. Visivelmente policiamos o restante do planeta baseados na segurança de nossa realidade nos EUA. Acredito que a única maneira pela qual podemos tentar ver as coisas de um modo diferente é relatando o que está acontecendo em nossas próprias vidas. Lembro o que senti naquela manhã ao ver (na TV) os aviões se chocarem contra os edifícios. Lembro-me de que me senti vazio, aterrorizado. Eu tinha sonhos, pesadelos, nos quais estava em um dos aviões que atingiram as torres e, em câmera lenta, observava a vista de dentro dos aviões, enquanto eles se estatelavam de cabeça na lateral dos prédios, desmoronando e explodindo, ao mesmo tempo em que as pessoas eram esmagadas e os prédios envoltos em uma bola de chamas. Acordei numa poça de suor por uma semana depois disso.

Como nos foi dito, isso era o que os terroristas queriam que sentíssemos. Imediatamente pensei, "maldito Bin Laden", como todo mundo provavelmente fez. Aquele evento me levou a uma busca para descobrir o que realmente possa ter acontecido, não apenas lá e em Washington, mas nos anos que levaram àquele dia fatal. Em vez de contar para todo mundo quais eram exatamente meus sentimentos e crenças em relação à situação, pregando para quem já estava convencido do contrário ou decepcionando as pessoas, eu simplesmente perguntava: "E se você tivesse que acordar e dormir todos os dias da sua vida se sentindo dessa maneira o tempo todo?".

O saldo do que está acontecendo no Oriente Médio não é nada menos do que uma tragédia humana que está em andamento desde a primeira Guerra do Golfo em 1990, quando eu tinha dezoito anos. Os bombardeios nunca cessaram desde aquele dia. A infraestrutura do país não tem mais condições de ser reparada e as crianças estão morrendo em número recorde de câncer, de fome, de má nutrição, já que a água, a comida, a terra e o ar estão poluídos em consequência da guerra que travamos como vingança pelo 11 de setembro. Não sei você, mas ainda estou para ver as evidências que justificam o fato de que devíamos ter ido lá e feito o que fizemos. Ainda não vejo a conexão que esses países tinham com o ataque contra nós, já que supostamente foram dezenove sujeitos, sendo a maior parte deles da Arábia Saudita, nossa aliada naquela parte do mundo.

O que vejo é um enorme problema com o petróleo e o futuro da dependência energética acontecendo ao redor de todo o mundo. Eu acho difícil acreditar que nosso país não viu que isso iria acontecer muito antes do público ter sentido isso. Agora, nos encontramos numa nova era de medo e preocupações no mundo e, na verdade, isso é o que acontece quando as pessoas não se preocupam umas com as outras e não despendem seu tempo para saber como as coisas são para os outros e como podemos realmente ajudar. Não estou dizendo que não há pessoas loucas, que não possam mais ser ajudadas, determinadas a assassinar os outros, porque isso é óbvio. E você não pode consertar os problemas de todo mundo, mas acredito que isso é um aviso pessoal para todos nós, para simplesmente darmos um tempo, conversar e escutar uns aos outros e fazer um inventário da vida que levamos.

Uma coisa interessante que percebi em nosso recente (2008) debate presidencial é que de repente se tornou muito comum dizer que você era contra a guerra desde o começo, em especial se você é do Partido Democrata. Também acho interessante que a maior parte das pessoas que diz isso não expressou nada disso quando chegou a hora de votar com sua consciência nos eventos após 11 de setembro. Lembro-me de que apenas um membro do Congresso se levantou e disse alguma coisa, essa era Cynthia McKinney. Ela perdeu a eleição seguinte por causa de seu questionamento sobre a guerra e o presidente, mas foi reeleita dois anos mais tarde, uma vez que a opinião pública sobre a guerra começou a mudar. É preciso muita coragem para discursar contra não apenas a opinião pública, mas também contra a opinião dos poderosos para quem você essencialmente trabalha.

Mas para mim, isso tudo se resume a: se quando você faz algo sua intenção é ajudar as pessoas, você vai ter algum retorno positivo disso. Se sua intenção é conseguir algo para si mesmo, especialmente sob o risco de machucar outras pessoas, então provavelmente algo ruim virá em sua direção.

Pipe.

PRANCHA IRAQUIANA

Essa é minha prancha de manifestação política.

Ao mesmo tempo que acredito que o que nosso país está fazendo é errado, o fato é que, se os terroristas baixassem suas armas, nós não iríamos atirar neles. Essa questão tem dois lados. Quando vejo ou escuto falar que uma bomba explodiu acabando com a vida de uma família que estava reunida em sua casa em Bagdá, e que nós fizemos isso... eu sinto algum tipo de responsabilidade. Um amigo de Bruce Gilbert fez um pôster baseado em anúncios de iPod, mas com imagens de um soldado com um disparador de granadas e um cara levando choque na prisão de Abu Ghraib, e por aí vai. É uma visão sutil de uma situação séria. O pôster original tinha o número de iraquianos mortos e o número de soldados americanos mortos, e esse número subiu drasticamente desde que o pôster fora feito. Noam Chomsky diz que se você olhar para a guerra de uma maneira simplificada, a quantidade de soldados americanos mortos no Iraque agora é a mesma de pessoas que morreram no dia 11 de setembro; na verdade, é maior, isso sem mencionar mais de 1 milhão de iraquianos e pessoas de outras nacionalidades. Essa prancha é a minha manifestação. Algumas pessoas gostam, outras se ofendem. Eu apenas digo a elas que essas são minhas imagens de guerra favoritas. Surfei com essa prancha no WCT do Chile no ano passado. Naquele momento, imagino que ela tenha se tornado uma manifestação.

Prancha iraquiana, 2006.

MEIO AMBIENTE

Quando penso no meio ambiente,

imediatamente penso na quantidade de lixo que criamos. Um cara chamado Chris Jordan criou uma exposição de arte sobre isso batizada "Running the numbers". Ele coletou informações sobre o nosso impressionante nível de consumo em massa – como o fato de que na América nós usamos dois milhões de garrafas plásticas de bebidas a cada cinco minutos – e ilustrou isso utilizando tais objetos em fotos. Por exemplo, 170 mil baterias descartáveis equivalem a apenas quinze minutos de produção de baterias; 426 mil telefones celulares são aposentados todos os dias nos Estados Unidos. O que fazemos com tudo isso? Para onde vai? Mais de sessenta mil sacos plásticos são usados nos Estados Unidos a cada cinco segundos! Mais de 106 mil latas de alumínio a cada trinta segundos. Nosso consumo é extraordinário.

Isso realmente me incomoda. Eu sou um consumidor e não sei o que fazer. Por onde você começa? Num mundo perfeito, todos nós teríamos nossos próprios suprimentos de água limpa, comeríamos comida orgânica e nossos filhos não ficariam doentes devido ao consumo de açúcar, alergias a soja e um milhão de outras coisas. Olho para a quantidade de lixo que produzo, provavelmente não sou diferente de uma pessoa normal, e isso me preocupa.

Fiz um jejum no ano passado e isso me ajudou a reduzir a quantidade do consumo semanal de comida e lixo. Enquanto estava jejuando, lia tudo a respeito do processo e tentava entender o que poderia fazer sobre meu consumo pessoal. Digamos que por uma semana todo mundo na América tivesse que manter na cozinha todo o lixo criado por eles – isso ajudaria a concentrar suas mentes na busca por uma solução. E se todos os caminhões de lixo entrassem em greve por uma semana, o que aconteceria? Seria horrível, mas faria que a gente trabalhasse juntos em direção a uma solução.

Cans Seurat, 2007 (e detalhe acima) representa 106 mil latas de alumínio, o número de latas utilizado nos Estados Unidos a cada trinta segundos. Da exposição "Running the numbers", por Chris Jordan.

143

O MAIOR CONSUMIDOR DE PRANCHAS DO PLANETA

SOBRE SUSTENTABILIDADE

Eu uso mais pranchas do que qualquer um no planeta,

e isso me preocupa diariamente. Venho trabalhando com a Channel Islands Surfboards e os blocos Biofoam para avançar em direção a uma espuma reciclável e resinas à base de soja, mas o que tenho descoberto é que de toda hipótese que você pensa surge um outro problema e você tem que lidar com ele. Fiz um curso de metafísica e uma das coisas que aprendi foi que toda vez que você aprende 100% de algo, abre outros 90% de coisas que precisa saber. A cebola nunca é descascada totalmente. Tenho um amigo na Califórnia que é dono de postos de gasolina e está fazendo biodiesel a partir de óleo de cozinha, o que é uma grande ideia, mas esse óleo não vai fazer o carro de todo mundo andar, simplesmente porque ele não existe em quantidade suficiente. Agora nós temos que criá-lo a partir da soja, do milho ou do que for, e isso acaba competindo com os recursos alimentares. Isso é um problema fundamental. Disseram que se você usar todo o milho produzido na América apenas como combustível, isso seria suficiente para somente 15% de nossas necessidades, e nós produzimos 40% do milho no mundo!

Recentemente vi um documentário chamado *O futuro da comida*, sobre modificação genética, o quanto os alimentos GM (geneticamente modificados) prevaleceram em nossa sociedade e o muito pouco que sabemos sobre seus efeitos a longo prazo. E, é claro, boa parte da soja e do milho produzida agora é GM, assim, ao mesmo tempo que você pensa que está fazendo uma coisa boa ao colocar seu carro para rodar com biodiesel, é possível que você esteja apoiando as modificações genéticas. Talvez os combustíveis biológicos devessem ser classificados segundo suas origens, nível 1 para o pior que você pode conseguir e nível 5 o combustível cultivado localmente com matérias-primas orgânicas.

Além disso, existe a alternativa nuclear. Há muitas opiniões referentes à energia nuclear. Dizem que é a mais barata. E, deixando de lado Three Mile Island e Chernobyl, é uma indústria bem segura, mas aí você acaba ficando com o lixo tóxico com uma meia--vida de quanto tempo? De uns dez a cem mil anos? Onde você vai colocar isso? Talvez já estejamos condenados, mas por que criar mais lixo radioativo, quando existem outros caminhos? Nós temos a força do sol e do vento, a energia das marés e das ondas, e existe uma maneira de retirar hidrogênio da água. Pelo que tenho escutado, o combustível à base de algas e, eventualmente, a fusão nuclear a frio são as maiores e mais reais esperanças para o futuro dos combustíveis. De qualquer modo, o petróleo vai acabar e temos que encontrar combustíveis alternativos que não destruam totalmente a Terra.

Um de nossos problemas é que o sistema capitalista funciona de um modo muito lento em relação à tecnologia disponível. Qualquer fotógrafo vai te dizer isso. A tecnologia existe, mas você tem que esperar até que ela seja introduzida no mercado à medida que as coisas já criadas vão sendo usadas. A maioria das indústrias funciona desse modo, o que reduz a velocidade do processo de mudança. O que nos leva de volta à indústria de pranchas.

Acredito que estamos no caminho certo (na direção da sustentabilidade) e existem pessoas com boas intenções. Mas, normalmente, as pessoas com boas intenções não possuem dinheiro, e as pessoas que têm dinheiro não querem perdê-lo. Tem gente suficiente trabalhando em alternativas para que se comece a fazer algum avanço.

144

Belly ajusta o boné para a foto de uma revista, Capbreton, 2006.

A Channel Islands é a maior fabricante de pranchas do mundo, mas possui apenas 1% da indústria. De qualquer modo, se a CI tropeçasse na nova tecnologia que vai mudar tudo, o impacto seria muito maior do que 1%. Os líderes da indústria deveriam apontar o caminho, mas você somente será um líder da indústria fazendo as melhores pranchas, e no momento as melhores pranchas não são feitas com materiais amigos do meio ambiente.

Essa é a realidade corrente e, para ser honesto, estamos pelo menos a dez anos de uma mudança real. Eu gostaria de pensar que isso levaria menos tempo, mas surfei com uma prancha (com nova tecnologia) outro dia e a destruí completamente em uma sessão, ela rachou em três lugares. Era feita de espuma, resinas e mantas que não agridem o meio ambiente. Bom, foi um começo. Eu ficaria muito orgulhoso de ter uma prancha sobre a qual eu pudesse dizer que não vai prejudicar nada se a deixasse no oceano ou jogasse no lixo. Talvez nós soubéssemos de algo quando somente fazíamos pranchas de madeira.

Recentemente me inscrevi em um fundo de crédito de carbono para compensar todos os voos que faço, mas, mesmo enquanto participo de algo assim, estou me perguntando se não estamos testemunhando um processo muito mais amplo, no qual a Terra esquenta e depois esfria. Trinta anos atrás, nos disseram que estávamos no início de uma era do gelo. Quem faz essas previsões? Acho que todo mundo quer ser aquele que avisou primeiro. É melhor estar seguro do que arrependido, mas odeio ser fatalista. E agora algumas boas notícias... acabei de ouvir que a Terra estava meio grau mais quente no ano retrasado do que no ano passado. Suponho que isso pode ser uma boa ou má notícia, dependendo da pessoa com quem você está falando. O que eu quero dizer é que, se você está usando o aquecimento global para pressionar uma mudança nos nossos procedimentos e maneiras de fazer as coisas, então isso é uma má notícia, porque agora você precisa de um novo fato para sustentar seus argumentos, mas se isso significa que não estamos fazendo tantos estragos assim no meio ambiente, então imagino que seja uma boa notícia. No fim do dia ela não deve nos impedir de olhar para o impacto que estamos causando.

Nesse ponto, não tenho certeza do que é pior, se o lixo lotando nossos oceanos e aterros, ou as porcarias no ar que somos obrigados a respirar, mas é seguro dizer que criamos um enorme problema para nós mesmos. À medida que as coisas vão mudando, como o fato de estarem mais "na moda" as indústrias que causam menos impacto e o fato de as pessoas tornarem-se cada vez mais conscientes do resultado final, a evolução natural parece avançar na direção certa, mas, definitivamente, precisamos fazer grandes mudanças para irmos de onde estamos hoje para onde precisamos estar.

ALIMENTAÇÃO

Meu maior sonho

é viver no meu pedaço de terra no Havaí e plantar minha própria comida, recolher minha própria água e viver de energia solar e eólica, completamente livre da rede elétrica. Adoraria ter uma floresta de *koa* também.

Isso é o que como normalmente quando estou na estrada: algumas frutas secas, bananas, castanhas em sua maioria. E maçãs e peras. Procuro frutas e vegetais frescos nos mercados locais, coisas das quais gosto, como abacates. Tenho meu suplemento Superfoods Plus, que vem com cevada, milho, grão-de-bico, aveia, ervilhas, linhaça e arroz. Tem basicamente tudo que você precisa para se recuperar e deixar seu corpo alcalinizado.

Você alguma vez já pensou em porque está comendo? É pelo prazer? Acredito que a maioria de nós muitas vezes se alimente por prazer. Quando você sai para jantar, busca o que tem o melhor sabor, mas não necessariamente o que é melhor para você. Em última instância, a única razão pela qual você precisa se alimentar é a energia. É preciso muita disciplina pessoal para lidar com a comida desse modo, e muito planejamento. Gosto de acordar e tomar um chá quente com limão e xarope de *maple*, porque de noite nosso trato digestivo está trabalhando muito e é bom lavar o corpo internamente com água quente. Ajuda a fazer que as coisas se movam. Não tomo café, exceto às vezes, no inverno no Havaí, se estou com Shane Dorian. Adoro café de Kona, do tipo chocolate e macadâmia. Se você sente o cheiro, você tem que tomar. Também consumo minha cota de porcarias, é claro.

Enquanto escrevo isto (outubro de 2007), estou na França competindo no *tour* e é assim que minha alimentação por aqui funciona: levanto e tomo uma xícara de chá, suco com vegetais e uma tigela de granola com amêndoas. Não tomo leite, então busco algum tipo de substituto para o leite, como leite de

Primeiros dias, hora do combustível.

amêndoa. É uma fraude total a necessidade de laticínios para complementar o cálcio, mas já vou falar mais disso em um minuto. Você consegue mais cálcio em folhas verdes. Talvez tome um iogurte aqui e ali – na França, adoro iogurte de baunilha. Mais tarde, durante o dia, talvez comece a comer pequenas porções, como castanhas, salgadinhos, bananas secas, atum, bolinhos de arroz com mostarda e abacates. Não tem nada melhor de se comer no mundo do que abacate. Se eu pudesse fazer isso, e escapar das consequências, comeria salgadinhos e guacamole o dia inteiro – e às vezes como. Faço meu próprio guacamole. Para o jantar prefiro peixe, vegetais e uma boa salada, mas aqui na França tenho comido muita lula também, com muito alho. Como um pouco de carne vermelha, não suína, exceto um pouco de presunto aqui na França, porque muitas vezes você não vai encontrar outra coisa para comer se estiver procurando por um sanduíche. Porcos comem qualquer coisa, então frequentemente é carne suja. Como bastante frango, gosto de peru. Gosto de comer uma grande salada sem tomates. Tenho total aversão a tomates. Ah, e adoro água de coco, mas, de acordo com a dieta de combinação de alimentos que tento seguir, você não deve comer frutas e vegetais juntos, então normalmente tomo água de coco de manhã, batida com uma vitamina de frutas ou pura mesmo.

Já em relação ao leite, anos atrás, em 1930, um médico chamado Francis Pottenger iniciou um estudo de dez anos sobre o efeito do leite pasteurizado e do leite cru, não pasteurizado, em 900 gatos. Um grupo recebeu somente leite integral cru, enquanto o outro recebeu somente leite integral pasteurizado da mesma fonte. O grupo do leite cru se desenvolveu saudavelmente, mas o grupo do leite pasteurizado se tornou apático, confuso e altamente vulnerável a enfermidades normalmente associadas a humanos, como doenças cardíacas, falência renal, disfunção da tireoide e ossos frágeis.

Isso já seria alarmante o suficiente, mas o que realmente chamou a atenção do médico foi o que aconteceu com a segunda e terceira gerações de gatos. Todos os filhotes do grupo pasteurizado nasceram com dentes ruins e ossos fracos, um sinal seguro de deficiência de cálcio, o que indicava falta de absorção de cálcio do leite. Os filhotes do leite cru eram tão saudáveis quanto seus pais. A terceira geração produziu resultados ainda piores no grupo pasteurizado, com muitos natimortos e tendo o restante nascido estéril, o que acabou com o experimento!

Na época em que essa pesquisa foi realizada, o leite pasteurizado havia sido introduzido recentemente no mercado, o que ajudou muito a indústria de laticínios, estendendo a vida do leite na prateleira. Mas o novo leite não parecia fazer muito para estender a vida do consumidor. Até aquele momento, humanos tinham se desenvolvido saudavelmente tomando leite cru. Hoje em dia é ilegal vender leite cru em várias partes do mundo, inclusive na maioria dos estados americanos, e se é que dá para acreditar, encontrei isso enquanto lia sobre o leite cru...: "enquanto a possessão de leite cru é legal, vendê-lo é um crime. É também uma violação de lei federal transportar leite cru através de fronteiras estaduais com a intenção de vendê-lo para consumo humano. Somente pode ser vendido como alimento para animais de estimação.". Nós agora temos uma terceira geração de humanos tomando parte no grande experimento do leite pasteurizado e, exatamente do mesmo jeito que os gatos do dr. Pottenger, não estamos parecendo nada bem. Infertilidade e carência de cálcio são problemas importantes e que estão aumentando.

Compilei as informações anteriores de Daniel Reid, cujos livros sobre *Tao* eu recomendo. A conclusão dele é que é uma "grande besteira" estufar as crianças com leite pasteurizado para fazê-las crescerem "fortes e saudáveis", quando elas simplesmente não podem assimilar os nutrientes. O fato é que nós deveríamos eliminar todos os laticínios pasteurizados de nossa alimentação.

147

CONSPIRAÇÃO

Às vezes sou ridicularizado pelos meus amigos

por ser um teórico da conspiração. Sou naturalmente cético a respeito de muitas das informações com que a grande imprensa nos alimenta e acredito que na maior parte do tempo mentem para nós descaradamente via meios de comunicação em massa. Há muitas formas interessantes de ver o mundo e o que está acontecendo, de *chemtrails* (trilhas químicas) à supostamente falsificada filmagem da aterrissagem na Lua, aos perigos da vacinação de crianças e a sua relação com o autismo, à cumplicidade do governo com o tráfico de drogas, à ideia de que estamos lutando no Iraque por algo que não seja o petróleo. Não estou dizendo que concordo com todas as teorias de conspiração circulando por aí, mas a verdade de algumas coisas é muito mais interessante do que o que você escuta dizer. Pense em como as pessoas contam pequenas mentiras na sua cara, a respeito de coisas que você sabe que são diferentes do que elas estão falando para você, e não existe nada em jogo além de livrar a cara ou estar certo. Agora imagine que exista muito em jogo, financeiramente, em termos de segurança ou ameaça, e imagine todo o encobrimento que pode ser feito nessas circunstâncias. Não estou dizendo que todas essas coisas são verdadeiras ou falsas, mas que, na maior parte do tempo, são possibilidades interessantes.

Assisti às ocorrências de 11 de setembro na televisão enquanto elas aconteciam e não acredito em tudo que a mídia disse. Não vou divagar muito, mas é claro que não estou afirmando que aquilo não aconteceu, apenas que o que nos disseram não é correto. A maior cena de crime do mundo foi imediatamente retirada por caminhões, para nunca mais ser estudada ou vista, após o colapso de dois edifícios de 300 m de altura. Ambos os edifícios desmoronaram por causa do fogo, mas querem que acreditemos que eles acharam o passaporte de um dos sequestradores intacto no chão, naquele dia, perto do edifício? E as imagens do outro avião atingindo o edifício mais seguro da Terra, não existem? Você não gastaria anos analisando o que os escombros e cada pedaço de evidência poderiam contar sobre o que aconteceu? Houve uma explosão no solo do *Ground Zero*, que enviou nuvens de fumaça quase sessenta andares acima, desde a base dos edifícios enquanto eles queimavam, mas nunca foi relatada, ainda que tivesse sido vista ao vivo desde o *Ground Zero*. O que era aquilo? Essas são apenas coisas estranhas a respeito do que aconteceu e acho que absolutamente tudo deveria ser revelado para o público.

É claro que sei que estou colocando minha cabeça a prêmio aqui, mas não me importo. Quando mudanças são necessárias no mundo, não há pessoas suficientes verbalizando suas opiniões e encarando o desafio. Em determinado momento da história, se eu sentasse aqui e dissesse que a Terra é redonda, as pessoas iriam revirar seus olhos em descrédito. Dizem que se deve acreditar em metade do que você vê e em nada do que você escuta. Nada é certo. Já até ouvi de uma fonte que 2 + 2, na verdade, são igual a pouco menos do que 4, porque um tanto fica perdido em algum lugar por aí. Vai entender.

Oeste da Austrália, 2007.

PROTEGENDO OS OCEANOS

Em 1978, quando eu tinha seis anos *Tubarão* foi lançado,

e fiquei tão aterrorizado que nem nadaria no lado fundo de uma piscina. Aquilo realmente me deixou com medo de tubarões. Precisei de anos para superar e mais anos ainda para aprender, e mesmo me preocupar, com a quantidade de tubarões que morrem por causa de suas barbatanas, e o quanto eles são uma parte importante da cadeia alimentar. Quando a quantidade de tubarões está em desequilíbrio, outras coisas estão em desequilíbrio, e em última instância o meio ambiente marinho é afetado como um todo. É o efeito borboleta.

Essa é uma das razões pelas quais estou desejando me unir a Dave Rastovich fazendo um trabalho para a Sea Shepherd, uma organização criada pelo capitão Paul Watson. Eles tiveram avanços incríveis com o objetivo de impedir a matança diária de golfinhos que acontece anualmente no Japão por quase seis meses, o assassinato aparentemente legalizado de mais de 250 mil filhotes de focas no Canadá a cada ano, as operações de pesca ilegal de baleias nos círculos Ártico e Antártico, e o *finning* sem fim ao redor do globo, uma prática na qual os tubarões têm suas barbatanas cortadas enquanto ainda estão vivos, para depois serem atirados de volta a água e se afogarem, morrendo lentamente.

É interessante pensar em tubarões nesse contexto. Parece muito mais fácil ter um sentimento protetor pelos golfinhos e não tão fácil assim pelas coisas que vão matar você, particularmente se você for um surfista. Tenho sentimentos confusos em relação ao grande tubarão-branco. É o predador máximo. Recentemente, conheci um cara na Califórnia que havia sido atacado por um tubarão-branco. Suas costas foram abertas do ombro à sua bunda. Não sei quantos pontos foram necessários para remontá-lo, mas ele estava caminhando uma semana depois do ataque. Dava medo de ver, mas ao mesmo tempo, sempre tive uma fascinação pela ideia de ser atacado por um tubarão-branco e sobreviver.

Existe um tema para o qual sempre retorno – onde estabelecemos o limite? Falamos de matar animais para se alimentar, matar árvores para produzir livros, poluir o ar para fazer pranchas. Existe um pensamento que permeia nossa sociedade, pelo qual a vida humana vale mais do que a vida animal. Se pudermos fazer a coisa certa para ambas, ótimo, mas humanos vêm em primeiro lugar. Não acho que existem outros animais que pensam desse modo. Não acredito que macacos pensem assim, ou golfinhos... talvez os mosquitos! A única razão pela qual eu mataria um tubarão agora seria por medo de perder minha vida, ou por alimento, se minha sobrevivência dependesse disso.

Oeste da Austrália, 2007.

Adoro esse ângulo, onde você está atrás da onda e pode ver as curvas dela quase da mesma forma como você as vê quando está surfando. Isso é Pipe e obviamente eu vi uma trajetória para entrar por trás nessa seção. Daqui parece que estou botando para dentro de uma onda que vai fechar, mas essas são as melhores, nas quais você entra na contramão e ainda consegue sair do outro lado. Em Backdoor normalmente você encontra picos de direita entrando na bancada num ângulo que permite que você venha pelo outro lado. Em Pipe não é fácil achá-los. Você precisa de uma ondulação com vários picos e intervalo curto, para encontrar uma onda mais quebrada. Na foto 4, se você observar apenas o lado direito, parece que estou entrando numa direita e indo na direção errada! Há alguns anos, Rob Machado estava fazendo um filme somente com esquerdas. Para tentar entrar naquele filme, peguei uma direita muito boa e fui para esquerda entrando no tubo. Se um dia ele terminá-lo, essa onda vai estar lá.

Pelo amor

Porque sou quem eu sou

Com as crianças da Vila de Momi, Fiji.

O INFERNO É UM CORAÇÃO PARTIDO

Al Merrick é uma das pessoas mais importantes para mim e eu o amo de verdade como a um pai. Uma vez eu telefonei para ele quando estava passando por uma separação. Estava deprimido e triste e Al começou a falar de Deus e religião, apenas por alguns segundos. Então ele pediu desculpas e me disse que não queria forçar suas crenças em mim, mas que se a qualquer momento eu quisesse falar sobre isso, ele gostaria que eu soubesse que estava aberto para mim. Achei que aquela era a coisa mais amorosa e gentil que Al poderia fazer por mim num momento de dificuldade. Al e sua esposa, Terri, compraram uma Bíblia para mim e já li uma boa parte dela. Nela existem tremendas lições de vida com as quais você pode aprender. Não sou uma pessoa religiosa em si, mas sinto um profundo senso de espiritualidade na minha vida e na conexão com as pessoas, o mundo ao meu redor e o que é certo e errado ou bom e ruim.

Acredito que várias das histórias da Bíblia são metáforas, mas durante o passar dos anos muitas pessoas poderosas usaram a religião de modo errado, e essas coisas foram distorcidas. Também não acredito inteiramente na teoria da evolução. O que eu acredito é que somos seres espirituais, conectados pelo amor e desconectados por não entenderemos que todos nós queremos as mesmas coisas para nós e para os outros. Se Deus descesse e se sentasse ao meu lado, então eu teria a prova da sua existência. Até o dia em que isso acontecer, não posso dizer quem está certo ou errado.

Vários grupos diferentes da mesma religião podem ter crenças um pouquinho ou tremendamente divergentes e todos acreditam estar certos, o que me mostra que podem estar todos errados. Quando você aceita alguém pelo que ele é de verdade, não importando suas crenças, você está encontrando algo. Não existe nada na vida que nós não julguemos. Sinto que sou guiado por minha consciência e busco o significado disso. Alguns dos meus amigos mais próximos acham que sou muito complexo nesse sentido, talvez questionando coisas demais em vez de aceitá-las, mas essa é a minha personalidade. Isso faz que eu seja quem sou e talvez seja essa também a razão pela qual eu me sobressaio no que faço. Eu questiono absolutamente tudo. Penso em todos os ângulos e procuro ver as coisas por perspectivas diferentes.

A verdadeira cura na vida vem através de ter consciência das outras pessoas, não importando quem elas são ou de onde vêm. Até mesmo Jesus supostamente andou com prostitutas e assassinos, e viu, mais além do que o que eles faziam, quem eles eram. Isso é espiritualidade para mim.

Foto para revista, Cocoa Beach.

156

APRENDENDO A ACEITAR O QUE VOCÊ NÃO PODE MUDAR

Penso na morte com bastante frequência. Tinha muito medo dela quando era mais jovem. Não posso dizer que não tenho medo dela agora, mas já passei por períodos da minha vida em que não tive medo nenhum, onde a ideia de não estar mais aqui não me assustava. Na verdade, me sentia bem confortável com essa ideia. Suponho que isso seja o que todos precisamos sentir, porque todos iremos morrer.

Talvez devesse ser ensinado em escolas como aceitar a morte. Não como uma coisa assustadora, apenas realística. Todos temos que ser capazes de lidar não apenas com nossas próprias mortes, mas com a morte de outros. Algumas pessoas dizem que todos os medos têm sua origem no medo da morte em sua forma mais básica. Quando penso nisso, sempre volto para aquela brincadeira que eu costumava fazer com o Jack Johnson, "Você não vai!".

Existe uma cachoeira em Big Island para a qual fazemos caminhadas, onde da plataforma são uns 130 m para cima e 130 m para baixo. Você pode andar bem debaixo da cachoeira e um garoto que conhecíamos escorregou ali, caiu e morreu. Fui lá uma vez com um monte de amigos e Sanoe Lake (ex-garota Roxy) estava com a gente. Ela ficou de pé bem debaixo da cachoeira e eu fiquei aterrorizado, achando que ela iria escorregar e cair. É muito escorregadio e se você cair, morre. Tenho um pouco de medo de altura, então fiquei arrepiado. Mais tarde, me imaginei caindo de lá, e, enquanto eu caía, gritava para meus amigos, "Você não vai!".

Essa seria uma boa morte. Em essência você estaria dizendo, vou morrer agora e não estou com medo, então não fique triste. Talvez o medo da morte seja realmente o medo de que não tenhamos realizado as coisas que queríamos na vida – não necessariamente as coisas materiais, mas aqueles arrependimentos das coisas que não fizemos, das pessoas que não apoiamos, das conversas que não escutamos. É tudo uma questão do que você deixa para trás, a memória de quem você era, e quanto melhor for essa memória, mais fácil será aceitar a morte.

Minha filha Taylor tem agora doze anos. Não é fácil admitir, mas não estive presente ao seu lado o tanto quanto deveria, e isso é algo em que penso todos os dias sem exceção. Estou na sua vida em algum lugar entre "Kelly" e "papai". Na verdade, fui "papai Kelly" por um tempo. Se fosse um pai em tempo integral, talvez me sentisse um pouco sem jeito com isso – nunca chamei meus pais de Steven ou Judy – mas, como não estou lá o tempo todo, acho que faz sentido. Mas gosto quando ela me chama de "pai".

Uma das coisas que me fazem pensar que devo ter sido bom numa vida passada, ou talvez até mesmo nessa, é o relacionamento que agora tenho com Taylor e sua família. As coisas ficaram difíceis entre sua mãe e eu por alguns anos, mas aí a Tamara casou-se com o Enzo e eles tiveram mais dois filhos. Enzo é uma pessoa muito gentil, com um grande coração e que vive para seus filhos. Ele possibilitou que eu ficasse o mais perto possível da Taylor. Existia a possibilidade de ser complicado para todos nós, mas não tem sido nada disso. Do instante em que o conheci, ele me tratou como um irmão e talvez com mais respeito do que eu às vezes merecia. Ele falou, "Você é bem-vindo em minha casa 24 horas por dia, sete vezes por semana, não ligue, não bata na porta, apenas entre." Espero que leia isso e perceba o quanto o admiro, respeito e amo, porque isso não é fácil de se expressar de outros modos.

Acima: com a Taylor bebê, fim dos anos 1990.

À esquerda: com Tamara, Enzo e a família deles.

Na outra página: KS e PA.

158

PAMELA

Em *S.O.S. Malibu* eu não sentia atração por ela. Foi somente mais tarde, quando conhecemos um ao outro. Eu estava apaixonado naquela época, na verdade noivo, então nem estava pensando nisso. Quando, mais tarde, nos conhecemos de um modo mais pessoal, passávamos nosso tempo juntos comendo, conversando. Era um tipo de relacionamento casual, mas nós tínhamos um entendimento verdadeiro. Era um tipo de amizade que confortava a nós dois.

Pamela Anderson (atriz, amiga)

Ele tem sido apenas um ciganinho, entrando e saindo da minha vida, mas nos tornamos muito próximos. Tenho um milhão de cartas de amor do Kelly e minhas para ele. Foi uma relação muito doce e intensa. De certo modo, nunca começou e nunca acabou. Apenas aconteceu de tempo em tempo em nossa vida. Ele sempre esteve presente me apoiando nos meus momentos difíceis. Uma coisa que me lembro do começo de nosso relacionamento é que ele era muito novo e eu queria casar e ter filhos. Estava naquele ponto em que pensava nisso o tempo todo e falávamos bastante disso. Mas sou muito espontânea – fui para Cancun, conheci Tommy Lee e me casei em quatro dias. Eu deveria ter ido de Cancun para Cocoa Beach encontrar com Kelly, mas como estava casada, isso não aconteceu.

Às vezes as pessoas que você menos quer machucar são as que você mais machuca. Nós voltamos e terminamos muitas vezes, e é surpreendente que ele ainda fale comigo. Tem sido uma jornada estranha, e realmente nunca quis machucá-lo. Sempre disse que se você pudesse plantar uma semente e cultivar uma pessoa, você cultivaria Kelly. Ele é uma das pessoas mais importantes para mim no mundo e eu já me senti muito mal. Nós tivemos momentos tão intensos...

Algumas pessoas pensam que ele é esquisito, mas ele não é. Apenas está em seu próprio tempo e entendo isso. O problema é que eu queria alguém que estivesse por perto. Até depois, quando eu já tinha filhos e ele ficou um tempo fora do *tour*, nós estávamos juntos, mas eu não queria ser aquela pessoa que o afastaria do que ele amava. Você não quer ser a pessoa que prende alguém tão talentoso, e, no meu caso, eu também não queria ser a chamada telefônica obrigatória após o campeonato de surfe.

Eu o levei para Tavarua no seu aniversário. Ficamos lá por uma semana. Só fomos surfar uma vez. O restante do tempo passamos juntos, conversando, lendo, escrevendo, só estando juntos. É claro, quando voltamos, tudo desmoronou. Tinha sido tão intenso, mas foi maravilhoso. Ainda dizemos, vamos nos encontrar em algum lugar em dez anos e, se não estivermos com outras pessoas, talvez funcione então. Meus filhos ainda falam para mim, "Por que não podemos nos casar com Kelly?".

Pamela falou algumas coisas na imprensa e em livros que considerei um pouco excessivas. Uma vez ela foi ao programa do Howard Stern e começou a falar de coisas muito pessoais. Não sei o que ela estava pensando. Há partes da minha vida que são privadas, mas os limites da Pam vão mais além do que os da maioria dos humanos. De modo geral ela foi bem legal. Nós tivemos alguns relacionamentos, ainda temos uma amizade, e algumas vezes estivemos bem próximos. Ela não pensa coisas más de mim. Acha que sou mais uma vítima das circunstâncias dela do que o contrário.

Mulheres bonitas e famosas ficam expostas a uma intensa atenção. A mídia mundial vende exatamente isso. É um sentimento instintivo entre os machos. Tive algumas amigas de perfil destacado, e, em uma ocasião, com Cameron Diaz, uma amizade foi vista como algo a mais, mas que nunca foi. Gostaria que não tivessem escrito a respeito disso desse jeito. Cameron é tão visada que talvez seja impossível para ela passar um tempo com um amigo sem que isso aconteça. Da minha perspectiva, foi um preço pequeno a pagar pela amizade. Ela é uma boa pessoa e uma amiga afetuosa. Sinto, com muita segurança, que esse não será o modo como minha vida será vivida no futuro. Com Pam, eu era jovem e não entendia as implicações. A verdade é que, se você está feliz e amando alguém, nada pode acabar com isso. O truque é apenas encontrar a pessoa certa pelas razões certas.

FAMÍLIAS SUBSTITUTAS

Foram muitas as famílias substitutas

ao longo dos anos. Na verdade, fico até com um pouco de medo de falar a respeito disso e deixar alguém de fora. Na Flórida, minha mãe foi família substituta para muitos de meus amigos. Ela os tirava da cadeia ou levava para o hospital. Eles podiam sempre conversar com minha mãe. Na estrada, onde quer que eu estivesse, sempre tentei ter algo desse tipo.

Na Califórnia, tenho os Merrick em Santa Bárbara. Meus amigos Ingrid e April Hawkins, em Huntington Beach, que nos abrigaram, a mim e Matty Liu, quando éramos garotos; Peggy Rullo, também em Huntington, que infelizmente foi assassinada quando eu tinha quinze anos. Os Machado em San Diego, é claro, e uma recente adição, a família da minha namorada, os Miller, em San Clemente.

No Havaí, a família de Ronald Hill foi a primeira a me receber. Foi lá que conheci Brock Little, Todd Chesser, Shane Dorian, Ross Williams e Conan Hayes. A lista é infinita – tem provavelmente uns setenta caras que dormiram na casa dele, no chão ou num sofá. Depois havia Tony e Lee Roy. Fiquei com Lee por muitos anos, enquanto Tony estava na cadeia. E os Johnson. Essas três famílias sempre me receberam.

Na Austrália, eu tinha os Raymond, a família de Luke Munro na Gold Coast, os Green em Torquay e muitos outros. Na França, fiquei com Harry e Sandee Hodge, e agora com Pierre e Marianne Agnes. Em Jeffreys Bay, fiquei com Robin e Ilma Morris por mais de dez anos. No Taiti há a família Drolett e também a Raimana. E aí tem a família inteira de Tavarua. E para completar, são várias as famílias com as quais fiquei uma ou duas vezes. É muito difícil deixar uma e mudar para outra, e é claro que não posso visitar um país sem vê-los. Isso me mantém ocupado onde eu estiver.

Machuquei minha perna quando tinha dezessete anos, ela vinha me incomodando por anos, particularmente logo após ter conquistado meu primeiro título mundial em 1992. No começo do *tour*, em 1993, eu estava na Austrália, com os Raymond, e Bruce me levou a um médico que enfiou seus dedos em meu joelho, levantou minha rótula e a espremeu. Ele falou, "Ok, nós vamos operar amanhã.".

Benji Weatherly e KS, fim de um maravilhoso dia no North Shore.

Janice Raymond (mãe substituta australiana)

Adoro fofocar e o Kelly também, e vou direto ao assunto, tipo, com quem você está saindo agora? Acho que ele é assim também com sua própria mãe e sente falta desse companheirismo no *tour*. Eu amo sua alma de verdade. Ter um talento tão grande não colocou sua filosofia de vida nas nuvens. Ele pode se dar bem com qualquer um e possui dentro dele essa alma rica e generosa. Ele é bondoso e ama muitas pessoas que retribuem esse amor. Desde antes de ter se tornado campeão e famoso, sempre foi assim. É muito profundo, nunca foi superficial.

Agora que está bem mais velho e sábio, ele ainda gosta de uma boa sessão de fofoca. Ainda se preocupa profundamente com as pessoas que fazem parte da sua vida, mas é mais uma pessoa do tipo esteja aqui agora. Ele vive o momento. Se eu dissesse que realmente sinto falta dele, tenho certeza que iria se fazer presente por mim e sei que os aniversários perdidos não querem dizer nada. Não acho que tenha mudado e acredito que seja essa a razão pela qual seus relacionamentos com mulheres ricas e famosas parecem não durar muito. Nada contra nenhuma delas, mas acho que existem elementos superficiais em suas vidas e com Kelly isso não acontece.

Ele nunca teve que se abrir comigo sobre seus relacionamentos, eu investigo e arranco dele! Na verdade, ele adora, por que a maioria das pessoas não ousa perguntar. Eu o desafiei dizendo que suspeitava que o que o atraía era a ideia do símbolo sexual (no caso da Pamela Anderson) e ele admitiu que tinha um pouco de verdade nisso. Acho que ele trazia suas namoradas para serem aprovadas por nós. Ele gosta de fazer coisas em casais. Nós saíamos para jantar e ele realmente gostava disso. Ele é um tipo de homem sensível da Nova Era. Gosta de conversar com as mulheres.

Uma das coisas que realmente amo em Kelly é o seu jeito de aceitar os seus amigos sem julgá-los. Ele tem uma posição bem clara de como se comporta em relação às drogas e ao álcool, mas nunca julga os outros com base nisso. E uma vez ou outra, baixa a guarda. É a coisa mais engraçada que você pode ver. Ele vai te dar uma dura por um daiquiri! Quando tinha acabado de comprar seu apartamento em Avalon, vinha jantar em casa quase todas as noites. Lisa (Andersen) era igual. Kelly nunca saía de casa sem um violão e eu adorava isso, pois sempre quis ser assim. Nós cantávamos juntos. Lembro dele tirando o violão no aeroporto Charles de Gaulle, em Paris. Começamos a cantar uma canção da Sarah McLachlan e as pessoas pensavam que estávamos pedindo ajuda e começaram a jogar dinheiro para nós! Foram tempos adoráveis.

Bruce me deixou lá e me buscou, me levou para sua casa e me forneceu uma cama. Janice trouxe comida. Não sei como outras pessoas se sentem quando voltam da anestesia, mas geralmente você quer sua mãe – você quer que ela cozinhe para você, ligue a TV e diga que tudo está bem. Janice estava lá para mim naquele momento. Sinto uma afinidade pelos Raymond que vai além da nossa relação de negócios pela Quiksilver. Eles já receberam amigos meus – amigos que são patrocinados por outras empresas, amigos que talvez estejam fazendo um vídeo no qual Bruce não queria que eu estivesse. Eles já ficaram numa posição na qual você não faria isso se você estivesse se comportando de acordo com as regras da empresa. Mas Bruce sempre abriu a porta. Janice sempre adorou receber meus amigos, entreter e compartilhar as casas das quais eles são tão orgulhosos.

Bruce sempre foi uma figura paterna para mim. Nós também temos um relacionamento profissional, mas ele é o tipo de cara que senta e observa, não fala muito, pensa bem por alguns dias e depois diz para você o que ele acha. Estou sempre ansioso para ouvir o que Bruce tem a dizer. Ele me conhece bem. Janice talvez um pouco melhor. Tenho certeza de que falam de mim e então Bruce entrega a mensagem. Sinto que os conselhos de Bruce vêm de uma fonte pura e sempre depositei muita confiança nele.

Janice Raymond, bem, ela é uma figura materna, mas é também como uma amiga com quem posso conversar, fofocar e falar besteira. Ela não tem medo de me dizer nada. Ela me dá broncas e eu também nela. Desse modo, temos uma amizade muito próxima. Ela é fascinada pela vida das celebridades e fica toda risonha e feliz se tenho qualquer informação exclusiva. Nós preenchemos um espaço nas vidas um do outro que mais ninguém poderia.

Sandee Hodge (mãe substituta na França)

Acredito que seu objetivo sempre foi o mesmo que o de qualquer outra pessoa, ter uma família e viver uma vida normal. Você sabe como é, sempre queremos o que não temos. Quantas pessoas não gostariam de ser como ele? Bem, acredito que o inverso se aplica a Kelly com frequência. A outra coisa a respeito do Kelly que admiro é que a maioria das pessoas no mundo estaria feliz em ser o melhor surfista, mas ele tem sua música, seu golfe... Ele faz tantas coisas e se esforça para ser bem-sucedido de várias maneiras.

Bruce Raymond (executivo da Quiksilver, mentor)

Nós estávamos no acampamento de surfe de G-Land em Java e Kelly foi ficando cada vez mais desanimado. Ele me dizia o quanto andava infeliz, que já não curtia o *tour*, como sentia que os outros caras no *tour* não eram seus amigos de verdade, mas sim antiKelly. Eu falei, "Talvez você só esteja captando esta vibração, de que eles estão cheios de você, porque você está vencendo tudo e ficando com toda a energia. Eles já se saturaram, assim como a mídia, então você não está sentindo mais o amor.". Não seria nada bom para nenhum de nós dois se Kelly tivesse uma séria crise de depressão e por isso sugeri que ele saísse do *tour* por um tempo e depois voltasse. Aí todo mundo iria adorá-lo pelo regresso. Ele estava um pouco indeciso, tipo, "Posso fazer isso?". E eu disse, "Claro que pode. Você pode transformar a carga que é a sua fama em uma ferramenta para fazer o mundo do jeito que você o quer.".

KS e a mãe substituta, Judy, compartilhando um momento juntos, no banquete do ASP, Gold Coast.

Sempre houve uma dicotomia engraçada com a Lisa, que na metade do tempo parecia amadurecida bem além de sua idade e imatura no restante. Com quinze anos ela foge de casa e diz que vai ser campeã mundial de surfe! Ela escreveu seu próprio roteiro e o seguiu. Havia uma parte dela que tinha uma enorme confiança no que estava fazendo e outra que era totalmente insegura. Essa dicotomia pode com frequência criar algo especial numa pessoa em termos de performance, mas pode também causar problemas em sua vida particular.

Conheci Lisa quando eu tinha uns catorze anos. A primeira vez que me lembro de passar um tempo com ela foi no verão de 1986, quando ela estava trabalhando na loja de iogurtes em Huntington Beach, logo após ter fugido de casa. Ela era um pouco mais velha que eu, talvez dezesseis. Eu me recordava dela vagamente na Flórida: nós dois estávamos passando o verão em Huntington, então tínhamos algo em comum. Ela era muito próxima dos surfistas e, mesmo sendo sempre uma menina atraente, o jeito com que ela se comportava, surfava e encarava a vida de modo geral era como o de um homem. Sua autoconfiança vinha do surfe, enquanto na vida particular ela havia passado por muitos problemas, assim como eu. Toda vez que eu a via, parecia que ela estava com um novo surfista famoso ou nem tanto. Sempre achei que ela era uma menina bonita, mas havia uma coisa tão fraterna nela, para mim pelo menos, que nós nunca teríamos dado certo.

Nós realmente éramos como irmão e irmã. Gostávamos das mesmas músicas. Dirigíamos o mesmo tipo de carro sem saber que o outro tinha um. Ela não sabia que eu havia comprado uma perua Mercedes no primeiro ano em que foi lançada, com o mesmo interior que a dela. Era bem louco. Eu a encontrava depois de um tempo e estávamos surfando com a mesma prancha.

Como surfista ela me deixava impressionado. Ela absorvia o modo como os homens surfam, mas, quando fazia o mesmo que eles, era com um toque feminino. Ela dava uma cavada e uma batida masculinas, mas de alguma forma estava escrito mulher na manobra inteira. Seu surfe permitia que ela fosse quem realmente era.

Com Lisa Andersen no Surfer Poll Awards.

164

Lisa Andersen (tetracampeã mundial de surfe, amiga)

Eu estava no quarto quando Kelly pegou no violão pela primeira vez. Claro que naquele momento eu nem pensava que um dia estaria contando isso sobre o octacampeão mundial. Éramos jovens e acabamos viajando muito juntos, basicamente porque os *tours* masculino e feminino com frequência aconteciam nos mesmos lugares. Nós tínhamos que dividir um acompanhante e um carro. Então eu gastei muito tempo esperando pelo Kelly – esperando no carro, esperando no aeroporto, esperando no hotel. Ele sempre foi demorado.

O que é incrível sobre o Kelly é que qualquer coisa que ele tocasse brilhava. Parecia que ele podia fazer o que quisesse. Era muito esperto com problemas matemáticos e poderia discutir política com qualquer um, menos comigo. Eu nunca mexeria com política.

Sempre tive interesse no surfe feminino, não apenas no da Lisa. Quando garoto, achava que a Frieda Zamba era incrível. Ela ganhou quatro títulos mundiais, então deve ter sido. Tenho certeza de que poderia ter vencido mais, mas parou para formar uma família. Ela era uma surfista marcante, agressiva, forte. Fico impressionado com o que Margo Oberg fez muito antes de Frieda. Surfei com Kim Mearing em Rincon ao longo dos anos e achei que ela era como uma versão feminina do Curren, ela conectava suas manobras sem absolutamente nenhuma falha. E aí temos a Layne Beachley. Em 1992 ela surfou uma bateria de exibição masculina em Lacanau, França. Eu ainda estava no campeonato, então não surfei a bateria de exibição. Estava sentado com o Derek Hynd (surfista e escritor) assistindo e ela fez algumas manobras diante das quais Derek e eu nos entreolhamos e dissemos, "Tá brincando?". Aquilo era realmente uma mudança monumental no modo como uma mulher surfava a face da onda.

Quando uma mulher realmente ataca a onda, as pessoas são pegas de surpresa. Chelsea Georgeson é assim, do mesmo jeito que Stephanie Gilmore e Sofia Milanovich. Carissa Moore vai ser assim também. Ela pode mandar aéreos e derrapadas e botar para dentro do tubo – ela é "o cara". Vai ser interessante ver o que vai acontecer quando completar seu crescimento. Sempre foi uma surfista atraente, mas agora vai ser poderosa. Provavelmente terá que mudar seu estilo para combinar com seu tipo de corpo. Agora ela surfa posicionada sobre a rabeta da prancha e dá chicotadas com ela para todos os lados, o que é muito legal de assistir.

Nós tínhamos essa estranha relação de irmão/irmã. Frequentemente eu sentia que ele estava incomodado com minha constante presença e ele podia ser muito arrogante por causa disso. Nunca soube se era por eu ser uma menina ou algo mais. Nunca tive uma queda por ele, nunca. O que era bem interessante, por ele ser uma pessoa tão atraente e tantas garotas acharem que ele era a melhor coisa do mundo. Eu simplesmente não comprava essa ideia; ele era meu irmão. Eu o admirava um montão e imitava as coisas que ele fazia, sem ser muito óbvia, como sua preparação para um evento. Você podia observar e aprender muito. Havia também um pouco de inveja rolando. Nós tínhamos o mesmo patrocinador e era possível comparar a atenção recebida em relação ao outro.

Quando éramos os dois campeões mundiais, tivemos momentos incríveis juntos. Numa viagem ao Taiti, chegamos a dividir uma cama de beliche, o que despertou o comentário das pessoas. Isso acontecia o tempo todo – o que rola entre você e o Kelly? Vocês estão juntos? Eu costumava rir muito com isso. Tínhamos suficientes altos e baixos no nosso relacionamento sem nem precisar que isso acontecesse!

Acho que a única coisa que pode ser dita é que o Kelly talvez não seja muito bom na hora de escolher suas namoradas. Quer dizer, isso não é da minha conta, mas ele é um cara tão maravilhoso, tão talentoso, afetuoso e generoso, que você esperaria que fosse encontrar a melhor garota do mundo. Sempre quis isso para ele, porque sei que existe uma em algum lugar – desculpa, eu já fui encontrada! Garotas são tão atraídas por ele porque ele é meio misterioso e elas querem saber qual é a dele. E não sei por que ele só engata com esses trens descarrilados! Eu não devia falar nada, pois eu mesma já tive alguns.

Lembro em G-land alguns anos atrás, ele estava dando voltas com esse grande sorriso no rosto, se aproximou de mim e disse que iria ser pai. Fui a primeira pessoa para quem ele contou – imagino que, por eu ser surfista e mãe, poderia me identificar com seu sentimento. Pensei que ele seria um pai fantástico, porque ele se dá tão bem com crianças, especialmente com a Erica (filha de Lisa), que cresceu no *tour*. Ele era o tio Kelly e sempre teve tempo para ela. Achei que a essa altura ele fosse ter um monte de filhos, mas ele tem a Taylor e a relação deles é especial.

Sabe como é, bem lá no fundo acho que o Kelly adora as garotas gritando, a adulação. Já estive com ele em *shopping centers*, onde acontece algo como a beatlemania, e fiquei pensando como ele consegue suportar isso! Diz que odeia, mas acho que se alimenta disso. Ele adora ser o centro das atenções e penso que canaliza isso no seu sucesso. Um dos maiores medos que os homens têm é de perder o cabelo, certo? Veja como Kelly lidou com isso! Você já viu alguém tão confiante em ser careca?! E ele continua lindo.

165

LIÇÕES DA VIDA

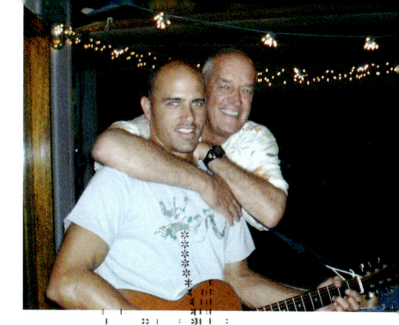

Peff Eick (amigo e mentor)

Muitas pessoas me ensinaram como viver. Obviamente uma delas foi minha mãe. Ela me ensinou a maior parte do que aprendi na vida. Mas tem outras pessoas que me ensinaram coisas profundas. Al Merrick me ensinou a não julgar as pessoas e a ser gentil. Bruce Raymond me ensinou muito sobre esperar e observar antes de decidir. Muito disso teve relação com os negócios, mas também com a vida pessoal. Peff Eick me ensinou muito sobre contentamento na vida, sobre ter as pessoas certas ao seu redor, que você sabe que serão boas para você, e não se esconder numa bolha. Juntos, Peff e os Johnson têm sido uma grande influência no modo como vejo a vida. Eles me ensinaram muito sobre a importância da família.

TREVOR HENDY

Muitas pessoas na América não sabem quem é Trevor, mas na Austrália ele é um ícone esportivo, um dos maiores *ironmen* (homem de aço) do movimento de salva-vidas nas ondas. Mais ainda, ele é um grande e completo homem do mar, e alguém que pensa profundamente sobre a vida. Trevor e as pessoas com quem ele trabalha me conduziram a um maior entendimento de mim mesmo num período de tempo muito curto. Desde então, fui capaz de me abrir e dividir muito mais com as pessoas. Posso honestamente dizer que, graças a minha amizade com o Trevor, tive algumas das experiências mais profundas da minha vida.

A ideia é que você nunca para de aprender, nunca para de crescer como pessoa e nunca fecha sua cabeça para o que é possível para você e outras pessoas. Ao adotar essa atitude, você se torna, acima de tudo, um observador, cada vez mais bem capacitado a ajudar outras pessoas. Quando você para de aprender, fica velho e morre, porque a vida é um aprendizado.

Penso que tenho um papel especial na vida dele. Kelly me escuta e falamos de muitas coisas. Estou casado há 36 anos, ele conhece minhas filhas, conhece meus netos, e acredito que se sinta parte integral da minha família. Por causa disso, acho que ele discute coisas comigo sobre as quais não costuma falar com muitos outros, sobre seus objetivos e ambições, sobre sua vida amorosa. Nós entramos num carro e dirigimos a um campo de golfe, o que deve durar uma hora, normalmente o tempo que se demora num carro para que a conversa chegue a um ponto profundo e complexo, e a nossa usualmente chega. Não sei se sei mais do Kelly do que qualquer outra pessoa, mas ele é como um filho para mim. Escuto sobre suas dificuldades na vida, do tipo que todo mundo tem, e sinto empatia por isso.

Acredito que seja difícil ser uma celebridade, e por falar nisso, todas as celebridades que conheci em minha vida foi através do Kelly! Eddie Vedder, Jack Johnson, agora que ele ficou famoso. Acredito que seja uma luta para todos esses caras, pois o público quer arrancar muito deles. Acho que Kelly lida com isso de um modo bonito. Ele é um grande representante do surfe. Sempre se apresenta com inteligência e dignidade e é sensacional com as crianças. Outro dia, o vi caminhar para Sunset Beach e dar sua prancha para um garoto. Ele faz coisas assim. Um dia, estávamos sentados no meu terraço observando Pipeline, e esses dois meninos aparecem na praia a uns 5 m de distância. Um deles disse, "Oh, você é o Kelly Slater!". Kelly respondeu, "Sou.". O garoto pediu, "Me dá seu autógrafo?". Kelly respondeu, "Dou, um minuto.". E ficou em pé num pulo, correu para dentro da casa, pegou uma caneta e um pedaço de papel, levou para a praia e deu um autógrafo para o menino. Quero dizer, quem faz isso? Ele encara sua posição de forma responsável.

Penso que se você passasse um tempinho com o Kelly e não soubesse quem era ele, você rapidamente descobriria que esse cara possui alguns talentos especiais, que ele não é como todo mundo. Não sei como você veria isso, mas você veria.

Acima: com Peff Eick.

À direita: Miki Dora no seu auge.

Joguei golfe com o Miki três ou quatro vezes

MIKI DORA

e cada uma delas foi uma bela história. Em algum lugar, tenho a única foto já tirada do Miki jogando golfe. Escondi a câmera para que ele não a visse e aí tirei uma foto do carrinho de golfe bem atrás dele. A tacada mais feia, provavelmente uma das piores tacadas que você jamais verá, mas de qualquer forma, a bola está indo reta. Isso aconteceu em Biarritz, na última vez que joguei com ele antes que morresse. Era um jogo de quatro, eu e o Miki, Stephen Bell e Bruce Raymond. No fim da rodada, Bruce tinha o cartão de pontuação e me passou para que eu assinasse. Ele iria fazer que todos assinassem, mas eu sabia que de maneira nenhuma Miki assinaria.

A primeira vez que conheci Miki, na África do Sul, pedi a ele que assinasse um autógrafo para meu irmão menor e ele disse que gostava de mim, mas não podia. E falou, "Os japoneses de merda acreditam que meu autógrafo vale cinco mil dólares e não posso decepcioná-los.". Mas agora Bruce está dizendo, "Não se preocupe. Ele vai assinar o cartão de pontuação. Todos os cavalheiros assinam.". Então assinei e passei para o Miki e o Bruce pediu para que ele assinasse. Miki disse que não podia; Bruce disse a ele que todos cavalheiros assinam seus cartões de pontuação. E aí o Miki perguntou, "Com quem o cartão vai acabar ficando?". Ao final, ele relutantemente assinou e agora Bruce tem o cartão emoldurado na parede.

No momento em que deixávamos o campo, notei como os tacos de Miki estavam velhos e detonados. Falei que tinha um amigo que poderia conseguir um novo conjunto para ele. Ele disse, "Não me prometa isso se você não for cumprir.". Disse que era pra valer e que eu iria conseguir os tacos. Voltei para a Califórnia e ele me mandou um fax dizendo a mesma coisa – não me diga que vai consegui-los se não for. Enviei um fax de volta – "Miki, você vai receber seus tacos e não quero escutar mais nada de você até que isso aconteça.". Consegui os tacos e os enviei para ele. Quando ele recebeu os tacos, novamente enviou um fax, para me agradecer, e assinou o mesmo. Ainda o tenho.

Harry Hodge (ex-executivo da Quiksilver, amigo)

Kelly ficou conosco na França quatro ou cinco temporadas. Sentiu-se muito confortável no complexo e com crianças ao redor. Sem ameaças, sem exigências, podendo fazer o que quisesse. Não queríamos aborrecê-lo para que viesse jantar todas as noites, mas ele simplesmente aparecia, tomávamos vinho tinto e relaxávamos. Ele jogava golfe, trazia seus amigos surfistas. Conhecemos muitos surfistas e suas vidas giram em torno de surfar, e tanto Kelly como Miki Dora realmente se esforçavam para escapar disso. Acho que ele também é como o Miki na maneira de se esconder de sua própria celebridade de tempos em tempos – porque todo mundo quer um pedaço de você. Acho que essa é a razão pela qual eles se deram tão bem.

MARK RICHARDS

Eu adoro ler ou escutar o que quer que MR tenha a dizer,

porque ele é um cara muito humilde, mas o que me atinge mais é quando ele fala de competição. Ele tem uma visão ampla disso, mas também uma vasta experiência pessoal como competidor. E, ainda que seja humilde, continua tendo o ego de um competidor, o que equivale a dizer: "isso é meu, eu mereço ter isso!". Quando se trata de sua avaliação sobre mim como competidor, concordo que em alguns aspectos somos similares e em outros não. Ele discutiria isso, mas como digo frequentemente, distrações durante um campeonato podem na verdade fazer que eu foque novamente em vencer.

Infelizmente, na verdade nunca vi MR na sua carreira de competidor. Talvez em ondas minúsculas na Flórida, quando eu era criancinha. Já um tempo depois, eu chegava ao Havaí todos os anos logo após Pipe ter terminado, perdendo assim a Tríplice Coroa, então ainda que estivesse lá durante seus últimos anos competindo, nunca tive a chance de vê-lo. Isso é algo de que me arrependo.

Mark Richards (tetracampeão mundial de surfe, inspiração)

Quando surgi numa biquilha, minha atitude era "vou mostrar a esses caras onde você pode ir numa onda". E mostrei. Kelly fez a mesma coisa com sua abordagem e nunca se encostou e disse: "Bem, isso é o mais longe para onde posso ir.". Ele sempre queria ir mais adiante, e essa é sua grandiosidade. Sabe quando você costumava se sentar na escola desenhando esses surfistas fazendo manobras impossíveis, ou entubando ao contrário? É, ele pegou aqueles rabiscos e os transformou em realidade.

À direita: com Shane Dorian.

Abaixo, à esquerda: Mark Richards e KS num evento para levantar verbas para a caridade.

Abaixo, à direita: Richards em Off The Wall, 1976.

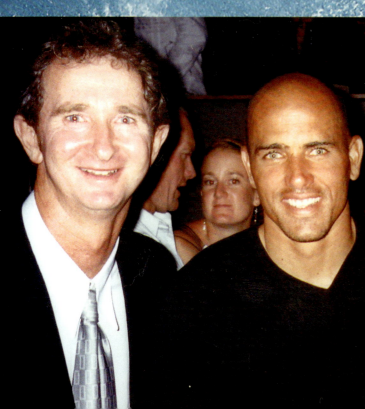

SHANE DORIAN

Shane é provavelmente a maior influência no meu surfe desde que minha carreira profissional começou. Temos surfado juntos desde quando tínhamos doze anos e acho que encaramos as ondas de um modo similar. Shane provavelmente atacou ondas grandes mais do que eu, mas nós realmente desafiamos um ao outro em todos os tipos de condições. Fomos ótimos companheiros de viagem porque não gostávamos do mesmo tipo de garotas, mas ao mesmo tempo gostávamos, e no fim ambos estávamos felizes. Surfando, acredito que tínhamos a mesma atitude, olhando para uma onda grande como olharíamos para uma pequena, ou para uma onda assustadora como olharíamos para uma divertida.

Os maiores dias em que já surfei foram com Shane, seja remando, seja rebocado, de Jaws a Waimea, a Himalayas, ou a Cloudbreak. Sempre foi possível confiarmos um no outro. Alguns anos atrás, fizemos uma sessão em Restaurants com lua cheia. Nas séries, as ondas tinham duas vezes o nosso tamanho e nós surfamos das dez até meia-noite com a lua mais brilhante que já vi na vida. Era o mais perto que a lua ficou da Terra em cem anos, ou algo assim, e havia um enorme anel ao redor dela. Nós surfamos em pranchas Morey Doyle, de espuma macia no *deck*, e estávamos andando no bico juntos, agarrando as bordas e botando para dentro dos tubos juntos. Foi uma das surfadas mais insanas que já tive e talvez a mais memorável.

Shane sempre foi um cara que sabe o que quer da vida, ele vai e consegue. A única coisa que eu soube com certeza que queria na vida era um título mundial, mas Shane sabia onde ele queria viver, a casa que queria construir, a menina com quem queria se casar. Nesse sentido, ele tem sido uma inspiração para mim.

Shane Dorian (surfista, amigo)

Os pontos positivos de Kelly são que ele tem compaixão, é inteligente, ótimo para dar conselhos, honesto, competitivo, confiável, atencioso, analítico e tem uma forte queda por mulheres bonitas. Seus pontos negativos são que ele está sempre atrasado, é muito confiável, péssimo para receber conselhos, competitivo em excesso, analítico em excesso e tem uma forte queda por mulheres bonitas.

Os melhores momentos que tive com Kelly foram no fim dos anos 1990, quando estávamos viajando juntos no *tour*. Ambos estávamos solteiros novamente e com o mesmo tipo de pensamento. Passamos o ano fazendo um monte de coisas bem loucas que não tinham nada a ver com nosso caráter e nos aproximamos mais do que nunca. Não tínhamos razão para voltar para casa, então apenas flutuávamos de país para país nos divertindo muito. Não estávamos nem um pouco concentrados em competir, saindo todas as noites quando tínhamos baterias logo cedo, mas, por alguma razão, fomos muito bem naquele ano.

Espero que Kelly encontre alguém que mereça dividir sua vida com ele. Alguém que faça aflorar o melhor dele, que queira ele, mas não precise dele. Kelly nunca teve uma casa de verdade desde que completou a escola, então vai ser fabuloso vê-lo se enraizar, ter uma base doméstica e uma família. Ele conquistou tanto em sua carreira, mas acredito que saiba que isso tudo vai ficar ofuscado em comparação a ter sua própria família que o ama apenas por ele ser ele mesmo.

CROCODILE MAN

Conheci Jeni e Al Hing,

da Sunshine Coast, na Austrália, em 1993, quando eles estavam passando a lua de mel em Tavarua. Demo-nos muito bem e continuamos amigos desde essa época. Quando Steve Irwin começou a ficar popular na TV, meu irmão Stephen e eu adorávamos vê-lo. Nós imitávamos sua voz, *"Oh mate, she's a little bewdy!"*. Assistíamos a seu programa todos os dias no Havaí e curtíamos muito. Eu era apenas um fã. Só anos mais tarde me dei conta de que ele vivia muito perto dos Hing, então perguntei a Jeni se ela o conhecia. Acontece que ela cresceu com o cara e eles eram bons amigos. Eu disse, "Nossa! Podemos conhecê-lo?". Ela falou, "Tudo que você tem que fazer é pedir.".

Stephen estava nas redondezas, surfando em Noosa, então Jeni conectou ele e o Steve para irem surfar. Eles se entenderam super bem, pois Stephen cresceu acampando, pescando e mexendo com barcos. Eu cheguei alguns dias mais tarde e encontrei Steve e sua família no zoológico deles, o Australia Zoo. Fomos direto ver Harriet, a tartaruga, que tinha 171 anos na época, retirada de Galápagos pela expedição de Darwin quando tinha quatro anos de idade. Ela simplesmente adorava comer flores de hibiscos, mas quando você a alimentava tinha que tirar os dedos do caminho bem rápido.

Na sequência, estávamos alimentando crocodilos com as mãos. Steve disse, "Você viu os programas, sabe o que fazer. Entre aqui!". Quer dizer, existe o assistir e existe o fazer, e são coisas bem diferentes. Eu estava usando meias brancas, e nós estávamos dando frango para eles, que também é branco, então os bichos vinham buscando minhas pernas. Tive que pular para trás por cima da cerca umas três ou quatro vezes. Steve ficou coçando sua cabeça, tentando entender e ai disse, "Ei, parceiro, tire seus sapatos e meia". E aí deu tudo certo.

Não acredito que fosse tão arriscado para ele como parece. Ele conhecia aqueles animais tão bem, seus exatos movimentos e características. Acho que numa época ele chegou a ter 105 crocodilos e jacarés no seu zoológico. Conhecemos o Wes, o amigo do Steve que quase perdeu a vida quando um crocodilo o teve entre suas mandíbulas. Ele ficou bem machucado, mas escapou rapidamente. O crocodilo estava a ponto de engoli-lo pela cabeça, quando Steve conseguiu distraí-lo e o tirou do caminho. Eles viviam no limite, mas era um limite que eles conheciam muito bem. Eu compararia isso com surfar ondas enormes. Você está relativamente seguro se souber o que está fazendo, mas ao mesmo tempo você está muito perto de uma grande energia da onda e é um pouco assustador – se não fosse assim, você não estaria fazendo isso.

Ironicamente, logo antes de Steve morrer, eu estava indo para a Austrália e ia passar um tempinho com ele. Eu o vi em março e disse a ele que iria tentar voltar em agosto para fazermos uma viagem. Ele morreu em setembro, então eu poderia ter estado naquela mesma viagem. É uma sensação bem estranha. Faz você pensar em como as coisas poderiam ter sido e talvez fossem diferentes.

Você poderia argumentar que Steve tirava seu sustento de animais em cativeiro, e eu tenho uma opinião bem definida a respeito desses animais, particularmente golfinhos. Jacarés e crocodilos foram de certo modo demonizados, então é difícil pensar neles do mesmo jeito. Golfinhos são lindos, crocodilos querem matar você. Mas não tenho absolutamente nenhuma dúvida de onde o coração do Steve estava no que diz respeito aos animais com os quais ele trabalhava. Ele fez mais pelos animais na Austrália do que qualquer outra pessoa. Dava uma porcentagem significativa de sua renda para a compra de terras para que os ameaçados *wombats* pudessem ser protegidos. Voava com animais de um lugar a outro para que pudessem viver em paz. Pensava ser um absurdo que as pessoas matassem esses animais raros e

Com o falecido Steve Irwin no Australia Zoo.

Tom Carroll (campeão mundial de surfe, amigo

Perdi por muito pouco meu terceiro título mundial em 1988 e, em 1989, tive um ano terrível, simplesmente uma espiral descendente. Quando Kelly se juntou à Quiksilver (em 1990), de muitas maneiras me deu um novo ânimo na vida. Nós tivemos um relacionamento vibrante, completo e aberto desde o começo. Quer dizer, você teria que ter algum problema interior grave para não reconhecer o valor de Kelly, mesmo o considerando um rival. Ele tem uma mente excepcional e se você se fecha para isso, então é você quem está perdendo. Kelly gosta de fazer as pessoas felizes de diversas maneiras. Essa é uma das coisas legais a respeito dele, mas talvez não tanto para ele. Acho que ele tem que tomar cuidado com isso. Ele realmente se preocupa com as pessoas, é muito sensível, como é preciso ser para atingir seu nível de conquistas. Está em contato com muitas pessoas através de uma rede muito ampla. É uma pessoa do mundo, não um americano. Na verdade, isso vai ser um desafio para ele quando chegar a hora de assentar em algum lugar e chamá-lo de casa. Mas ele adora um desafio e vai saber lidar com isso.

Sua inteligência emocional é o que considero mais inspirador nele. Ele possui a habilidade de deixar as emoções virem à tona e ser humano, simplesmente se abre e deixa acontecer. Sempre tive medo disso, nunca soube como fazê-lo. Foi sempre, "Se segura, malandro, ou você está fudido!". Isso só funciona por um tempo. Não sei exatamente como colocar isso, mas a maioria dos homens simplesmente não tem essa capacidade. Ele tem o alcance emocional de uma mulher. É algo bem extraordinário e acredito que seja um fator que contribuiu para a sua série de títulos mundiais. Ele não existe num estado emocional simples, feliz ou triste, é muito mais complexo que isso, e sabe onde buscar essa energia emocional quando precisa dela. É o que permitiu a ele se manter faminto e continuamente se reinventando durante todos esses anos.

Com Tom Carroll no Eddie.

bonitos para se alimentar, mas ao mesmo tempo, respeitava e entendia as tradições dos povos indígenas que viviam do que a terra oferecia.

Uma noite, numa conversa telefônica, ele me perguntou, "Você está pronto para subir um degrau acima para o próximo nível, parceiro?". Perguntei a ele o que ele queria dizer com isso e ele falou, "Você está pronto para alimentar com as mãos o grande crocodilo?". "Tem mais de quatro metros", ele disse. Eu o veria dentro de uns poucos dias e tive pesadelos com isso todas as noites até o dia em que fui. Havia acabado de ler que ele estava furioso com o primeiro-ministro da Austrália porque, durante um encontro recente de chefes de Estado, filé de emu e rabo de crocodilo faziam parte do cardápio. Steve havia sido citado no jornal dizendo para o primeiro--ministro, "Se toca, faça a coisa certa.".

Quando perguntei a ele sobre a declaração, ele disse, "É como se você estivesse na América e o presidente servisse águia-careca". Então olhei sério para ele e disse, "Sabe como é, águia-careca não é ruim não, mas *manatee* (peixe-boi da Flórida) é ainda melhor!". Ele ficou bem quieto. E finalmente riu, "Ah, parceiro, você me pegou legal nessa!".

Steve realmente se preocupava com o papel de cada animal no ecossistema. Justo antes de ele morrer, passou seis semanas marcando crocodilos, ajudando a descobrir mais sobre o comportamento migratório deles. Ninguém no planeta era mais apaixonado por animais do que ele. Fiquei arrasado de uma forma indescritível quando Steve morreu. Como muitas pessoas que o conheceram um pouco, senti-me roubado. Ele era verdadeiramente um dos meus grandes heróis.

171

Nesta página, no sentido horário a partir da foto no alto: com Andy Keegan; lutando com Tom Carroll; festa em Tavarua com Julia Roberts e Jon Roseman; com sua família de Fiji; de bobeira com Kalani; os meninos Slater, pai, Kel, Sean e Stephen.

Nesta página, no sentido horário a partir da foto no alto, à esquerda: com um amigo no Australia Zoo de Steve Irwin; a cerveja Kelly, sinta a diferença; celebrando o sétimo; os pais, bem no começo, Judy e Steve Slater; com outro amigo peludo no Australia Zoo; divertindo-se com a mãe no Australia Zoo.

Essa é J-Bay em julho de 2007. Eu fiquei por duas semanas após o evento do *tour* terminar em ondas muito pequenas e frustrantes, no penúltimo dia do período de espera. A previsão para o último dia do período de espera era ruim, mas acabou sendo muito bom e a maioria das pessoas estava indo embora. Esta foi a primeira ondulação de duas ou três que curtimos, e essa é uma das mil batidas que dei durante esse tempo. Em J-Bay pode ser complicado encaixar uma manobra muito boa e não ser ultrapassado pela onda. Eu mal acabei esta antes da onda tentar passar e ir embora. Acho que você tem que tentar surfar adiante do lugar onde você acha que deveria estar, aí, sim, começa a parecer que sua sincronização está certa. Desse modo você pode usar toda a face sem ficar preso próximo da espuma tentando alcançar a onda.

Epílogo

Pelos fãs

88 questões para Kelly

Inundado, Huntington Beach, Califórnia.

1
Quando você começou a surfar?
Na verdade, era um passatempo de verão para mim quando eu tinha aproximadamente cinco anos.

2
O que você ama no surfe?
Amo a velocidade, amo desenhar linhas. Acredito que, mesmo quando eu era bem jovem, o que importava era desenhar uma linha na face da onda que significasse algo para mim.

3
Sua família o encorajou a surfar?
Sempre fui encorajado, mas nunca pressionado.

4
Qual era sua média de tempo gasto na praia quando estava crescendo?
Depois da escola, geralmente ia direto para a praia e surfava se houvesse qualquer tipo de onda, mas eu estava envolvido também em outros esportes, como tênis, futebol americano e basquete. Fazia coisas com meus amigos, como *wakeboard* e pesca. Então não era só surfe o tempo todo, mas definitivamente na maior parte do tempo.

5
Se você não fosse um surfista profissional, o que teria sido?
Sempre adorei música e quando era criança queria ser comediante, então isso seria o que eu diria naquela época. Talvez hoje eu dissesse medicina alternativa, mas isso não teve apelo nenhum para mim até que eu passasse dos vinte anos. Música ainda continua sendo um interesse meu, é claro, e também tenho uma espécie de amor oculto por arquitetura.

6
Descreva Cocoa Beach, onde você cresceu.
Uma cidade pequena que teve grandes sonhos e potencial em determinado momento, mas que nunca chegou lá de verdade. Uma comunidade muito leal. Todo mundo parece passar por lá em determinado momento da vida. É uma típica cidade pequena.

7
Com o que você sonhava quando era um iniciante no surfe?
Eu costumava olhar as ondas e sonhar que desenhava linhas diferentes nelas. Eu imaginava o que Tom Curren faria naquela onda.

8
Você alguma vez se sentiu o escolhido?
É um pouco estranho falar sobre isso, mas sempre tive uma sensação de que as coisas iriam dar certo para mim. Minha mãe sempre mencionou esse sentimento que ela teve quando nasci sobre o que iria acontecer na minha vida.

9
Que tipo de criança você era?
Até os oito anos, eu era maior que a maioria das outras crianças da minha classe e meio rechonchudo. Eu tinha esse medo de que iria ser gordo quando crescesse. Ficava realmente preocupado. Não era verdadeiramente gordo, mas parecia ser aquele menino maior que judia dos menores, e foi isso que me tornei. Era eu quem mandava na classe. Não me classificaria como rebelde, mas certamente raivoso, e isso durou até uns oito, nove anos, quando simplesmente me acalmei.

10
O surfe era um escape para você?
Definitivamente era, mas só percebi isso mais tarde.

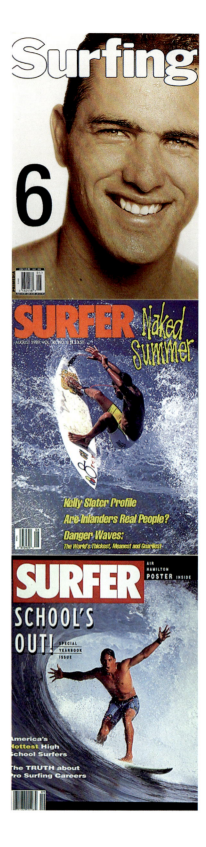

11
Quando você se deu conta de que poderia se sustentar com o surfe?

Quando tinha doze anos. Ganhei uma passagem para o Havaí num campeonato e essa realidade ficou clara para mim.

12
Quão difícil era o circuito amador?

Sempre senti que havia espaço para respirar lá. Surfei utilizando o melhor da minha habilidade e do meu entendimento do sistema, e venci bastante.

13
Quanto da sua habilidade você herdou e quanto se deve à prática?

Não posso dizer que meu pai era um grande surfista. Na verdade não posso nem dizer que ele era um bom surfista, mas ele tinha uma mente boa para as coisas e minha mãe era muito competitiva. Descobri muito apenas observando a todos. Hoje em dia não treino muito. Se eu não tiver surfado por algum tempo, sempre levo umas duas sessões para voltar ao meu melhor, mas aí parece que volto bem rápido. Às vezes apareço para um evento sem ter surfado por três semanas e entro numa bateria com uma prancha nova. Existe uma parte do meu subconsciente que gosta desse desafio. De certo modo me desperta e coloca minha mente no lugar certo.

14
Qual é o tipo de corpo certo para surfar?

Para a minha geração e o jeito como surfamos, parece que você não deve ser musculoso demais, mas também não deve ser alto nem desengonçado. Nos anos 1970, caras como Nat Young, Michael Peterson e Mark Richards eram altos e magros, mas à medida que o equipamento mudou, o tipo físico ideal também mudou. Tom Carroll foi capaz de fazer o que fez através de pura força, mas em alguns momentos acho que ele foi musculoso demais. Para nossa geração, 1,73 a 1,78 m parece ser o número mágico, e forte e bem preparado sem ser musculoso demais. O surfe é aquela linha tênue entre força e graça.

15
Quanto Tom Curren influenciou você?

Ah, muito mais que qualquer outro. Provavelmente tanto quanto todos os outros juntos. Baseei meu surfe no de Tom quando estava surfando na face e no de Pottz quando dava aéreos.

16
Fora do surfe, que atletas de elite você admira?

Adoro assistir grandes atletas no seu auge. Adorava assistir o Tyson, o Jordan; agora gosto de assistir o Tiger. O Federer quase não tem graça assistir, ele é muito melhor que os outros e você fica com a sensação de que ninguém vai vencê-lo. Mas nenhum atleta significou tanto para mim quando eu estava crescendo como, digamos, Tom Curren ou Buttons (Montgomery Kaluhiokalani).

17
Contra qual surfista era mais difícil de competir quando você era um júnior?

Provavelmente Shane Beschen. Nós tínhamos uma rivalidade total desde quando éramos bem novos. Éramos também bons amigos, mas na maioria das vezes em que nos encontramos, levei a melhor. Ainda que sempre tenham sido vitórias mais apertadas do que parece apenas olhando os resultados hoje.

18

Quanto você ficou empolgado quando conseguiu seus primeiros patrocinadores?

Ah, muito. A ideia de ser patrocinado vinha comigo desde o começo. Minha mãe e meu pai sempre gostavam de contar a história de quando peguei uma das minhas primeiras pranchas e tudo que eu queria era ter a palavra "equipe" escrita nela, para que pudesse me sentir parte de algo.

19

Quando saiu o primeiro artigo sobre você numa revista de surfe?

Minha primeira foto em um outro tipo de revista foi quando eu tinha dez anos; tive uma foto publicada no jornal local no mesmo ano. Saí numa revista de alcance nacional, a *Surfing*, quando tinha doze anos. Ocupou um terço de página em preto e branco, tirada no Sundek Classic, na Flórida.

20

Primeira capa ou página dupla?

A primeira capa foi no *East Coast Surfer*, um encarte da *Surfer* que foi publicado no leste do Mississipi, quando eu devia ter uns catorze. Minha primeira capa de verdade foi na *Surfing*, aos quinze anos, dando um aéreo em Sebastian Inlet.

21

Como eram as férias da família Slater quando você era jovem?

Costumávamos ir para a casa dos meus primos em Maryland. Nós íamos no Natal e às vezes no verão. Essas eram as únicas férias da família. Meu pai ficava bêbado e nós lutávamos com ele. Lembro de uma vez que dei uma cabeçada no olho dele, que acabou precisando de pontos. Fiquei muito assustado ao vê-lo sangrando daquele jeito. Na minha mente, aqueles foram tempos divertidos, curtindo com meus primos, mas também foram tempos assustadores, meus pais não estavam mais se entendendo.

22

Se você tivesse que viver sua vida de novo, faria tudo igual?

Se você tivesse a consciência que tem agora, sempre faria algumas coisas de um jeito diferente. Tem coisas que fiz das quais me arrependo. Algumas das escolhas que fiz afetaram de maneira adversa pessoas com as quais me importo muito. Se eu pudesse mudar essas coisas, definitivamente mudaria.

23

Você mantém contato com seus amigos de infância?

Ah, sim, com muitos deles. Na verdade, há pouco tempo, no ano passado, entrei em contato com um que não via desde o terceiro ano primário.

24

Como você fazia para não ser perturbado por meninas?

Você tá brincando? Bem, no começo era fácil porque não me importava com elas, mas sempre fui louco por garotas.

25

Qual era o surfista local que você mais admirava quando estava crescendo?

Matt Kechele. Ele trouxe o mundo para casa, para mim e meu irmão Sean, através de vídeos e conversas, e também nos levou para o mundo.

26

Por que aquela onda em Pipe em 1991 foi tão importante?

Porque até aquele momento havia muita pressão sobre mim, se iria ou não botar para baixo, se iria encarar. Na visão de algumas pessoas, era a rachadura na minha armadura. Para mim aquela onda simbolizava "eu vou" em vez de "você não vai".

27

Quando você percebeu que iria vencer seu primeiro título mundial?

Acho que assumi a liderança do *ranking* quando derrotei Gary Elkerton em Hossegor (no Rip Curl Pro). Naquele ano, após dois eventos eu estava em quarto lugar e me dei conta de que ganhar o título era possível. Sentia que ainda não havia surfado bem, mas estava derrotando os caras do topo. Mas, depois de Hossegor, eu realmente afivelei o cinto para vencer.

A vingança do perseguidor, Hossegor, França.

28
Quão importante foi vencer o Quiksilver em memória de Eddie Aikau?

Não foi algo que senti que precisava para coroar minha carreira ou qualquer coisa do tipo. Foi mais uma realização pessoal do que algo importante relacionado à carreira.

29
Quais outras coisas na vida você perdeu por ter focado na sua carreira de surfista?

Todos meus amigos foram para a faculdade e por um bom tempo eu realmente senti que estava perdendo algo. Não porque adorava muito a escola, mas sim os amigos que tinha e achei que estava perdendo por não fazer o que eles estavam fazendo.

30
Os ataques que você sofreu, acusado de ser um surfista de ondas pequenas, o afetaram em algum momento?

Quando eu era mais jovem havia muita pressão, mas depois de me acostumar com Pipe e ter pegado algumas ondas grandes e boas, especialmente aquela em 1991, não sentia mais a pressão de ter que provar algo como antes.

31
Em que estágios da sua carreira você sentiu que estava no seu auge?

Provavelmente 1996 e 1997, depois novamente em 2003 e 2005. Sinto que o melhor surfe que já fiz foi em 2003, poucas vezes consegui alcançar aquele nível de novo num evento. O melhor que já surfei num evento, do começo ao fim, foi em J-Bay em 2005, mas também houve um período em 2003, de J-Bay direto para o Brasil, em que me senti mais estável e confiante do que nunca, minha cabeça estava no lugar certo. Havia começado a fazer um trabalho metafísico e estava abrindo minha mente para um entendimento mais amplo do mundo. Comecei a escutar os sentimentos das pessoas e não apenas suas palavras, e isso estava me ajudando de verdade. Acredito que qualquer atleta que atinja uma certa idade vai começar a sentir um aumento no desafio físico, mas acredito que o lado emocional e o mental são mais importantes. As pessoas que continuam subindo o nível à medida que ficam mais velhas geralmente fazem isso porque elas se mantêm emocional e mentalmente jovens, estão conscientes e abertas para mudanças. Essa é a forma de manter tudo novo e excitante. Se não for novo e excitante, você deve encerrar sua carreira.

32
Qual vitória foi a mais especial para você?

Essa é uma pergunta difícil. Provavelmente o Pipeline Masters de 1995. Pipe em 1998 foi sensacional também, mas olhando de volta para 1995, foi um roteiro muito bem escrito. Era uma grande batalha entre eu e meus melhores amigos no *tour*, Rob Machado e Sunny Garcia, no quintal do Sunny. Todos os elementos se juntaram, com o Sunny potencialmente conquistando o título mundial naquele dia, Occy no seu retorno... simplesmente muita coisa acontecendo.

33
Seus pensamentos sobre Andy Irons?

Ele é tão impetuoso como competidor. Vejo partes de mim nisso, particularmente nos primeiros estágios da minha carreira, e vejo partes do meu irmão Sean nele também. Acho que é por Andy ser o irmão mais velho na família dele. Na primeira vez em que estava no *tour* com Andy, me senti atraído para a sua direção, queria estar perto dele e sinto que realmente tentei, mas ele simplesmente não estava aberto para isso. Eu era o inimigo e você não pode estar próximo do inimigo. Muita coisa foi dita a respeito de nossa rivalidade, parte inflada fora de proporção, parte não muito distante da verdade. Em alguns momentos, o clima chegou a ficar bem tenso entre nós dentro e fora da água, mas minha crença pessoal é de que duas pessoas podem se entender quando pelo menos uma delas estiver disposta a deixar que isso aconteça, não importam as circunstâncias. As coisas poderão ser diferentes entre nós quando não estivermos no *tour*. Posso certamente dizer que Andy me impulsionou para alturas elevadas.

34
Qual foi o competidor mais difícil que você enfrentou?

Tom Curren. Surfei contra ele oito vezes antes de derrotá-lo. Não tenho certeza de que isso aconteceu por ele ser um grande competidor; acho que por ser um surfista tão grandioso ele não precisava se preocupar (com a maneira como competia). Eu tinha um bloqueio mental para vencê-lo, simplesmente não conseguia.

35
Teve alguma final à qual você não chegou, mas desejou ter chegado?

Sim, especificamente duas – nos Pipe Masters de 1991 e 1998. Noventa e um foi a primeira vez que Tom Carroll venceu e foi meu primeiro ano no evento. Perdi por pouco nas semis e estava acabado, vendo da praia aquela final acontecer, mas provavelmente foi também a melhor bateria que já assisti. Em 1998, estava com o Jake Paterson na semi e precisava de algo como uma onda de três pontos para chegar à final. Já

havia garantido o título mundial chegando na semi, mas precisava apenas dessa onda faltando seis minutos para acabar e não conseguia pegá-la. Posso geralmente encontrar um três em Pipeline com dez segundos para o final, mas não nessa ocasião. Eu tinha ganhado o título e perdi minha vantagem, perdi minha concentração. A celebração já havia começado. Então o Jake me eliminou e havia uma sensação de desforra australiana porque eu havia eliminado Mick Campbell e Danny Wills. Jake e eu somos amigos, mas ele tinha um acerto de contas a fazer comigo naquele dia. Isso o inspirou para uma das maiores vitórias que já vi em Pipeline. Ele saiu do tubo na hora da buzina para marcar um dez e vencer a final.

36
Qual dos seus títulos mundiais foi mais satisfatório?

Ah, 1998 foi bem especial, mas meu sétimo em 2005 também foi incrível. Esse foi o momento em que me senti mais emocionado conquistando um título, que no fim tinha ficado fora do meu controle no Brasil. Enquanto em 1998, tudo estava em jogo em Pipeline.

37
Qual foi o título mais difícil?

Parece que 2006 foi o mais fácil, enquanto 1995 e 1998 foram ambos difíceis, mas 1995 provavelmente foi o mais difícil.

38
Você se considera sortudo com lesões?

Na maior parte, sim. Nunca tive uma que me tirou de mais de um evento. No começo da minha carreira, tive uma lesão no joelho que me preocupou por três ou quatro anos, mas diria que fui um dos atletas mais sortudos do surfe.

39
Você entra em cada bateria com um plano?

Se estou realmente concentrado, entro, mas já surfei muitas baterias sem plano algum.

40
Você tem qualquer tipo de superstições?

Já as tive no que diz respeito à parafina que uso, a minhas rotinas pré-bateria e por aí vai. Mas quando surfei o meu melhor, lá para 2003, comecei a perceber que superstições são muito limitantes, mesmo que elas te ofereçam algo para se manter focado. Se você não fizer o que você supostamente deveria ter feito, você vai se lembrar e dizer, "Ah, droga, esqueci aquilo.". Quando parei para analisar e dei uma olhada em todo esse negócio de superstição, entendi o que Stevie Wonder quis dizer quando escreveu "Superstition". Isso é o que elas fazem com você. As minhas eram coisas bem básicas, tipo usar a mesma barra de parafina durante todo o evento, cumprir uma certa rotina antes de surfar, ser o primeiro cara na água, ou não – apenas esses jogos mentais. O lado bom das superstições é que elas podem fazer que você se concentre. O lado ruim é que você pode ficar preso dentro de sua mente.

41
É difícil se concentrar durante os campeonatos?

Pode ser, particularmente se tiver um monte de gente me perturbando. Tendo a me fechar para as pessoas mais próximas durante um campeonato. Como regra geral, se eu me desconectar de você durante um campeonato, provavelmente me importo muito com você. Por anos passei por isso, quando não falava com a minha mãe durante o campeonato. Algumas vezes ligava para ela cinco minutos antes da minha primeira bateria, mas depois ela não me ouviria mais até eu ter acabado, mesmo que fosse por duas semanas. Era meio que uma superstição dupla, porque ela acreditava nisso também, que iria me fazer perder a concentração, mas na verdade isso era uma bobagem.

42
Você mudou sua estratégia competitiva ao longo dos anos?

Estou nas melhores ondas, estou maximizando minhas notas e estou vendo como posso ficar por cima do meu competidor. Por exemplo, se o outro cara pega uma onda boa, tento pegar uma melhor logo atrás e depois voltar para fora e ficar com a prioridade. Por outro lado, se alguém faz isso comigo, vou tentar imediatamente retornar com mais energia.

Outro ano, outro autógrafo, Hossegor, França.

43
Como o padrão de surfe mudou durante seu tempo no *tour*?

Assista a vídeos do início dos anos 1990 e de hoje em dia. O contraste é drástico. Tem duas gerações ali, mas parece mais que são quatro.

44
Você sente que tem algum ponto fraco competitivo?

Posso não estar preparado, esse é provavelmente meu maior ponto fraco. É mais físico do que mental. Apareço e não estou na minha melhor forma. Geralmente me alimento bem, mas pode ser que chegue atrasado e não saiba muito bem como estão as condições ou que prancha seria melhor usar. Estarei na correria e terei que depender de conhecimento prévio do lugar que estamos surfando.

45
Você sente que a essa altura tem uma vantagem de estar "em casa" na maioria dos lugares?

Todo esporte tem uma vantagem quando é praticado em casa e para mim o que importa é o apoio que você tem das pessoas naquele lugar. Sinto que tenho uma vida abençoada no sentido de possuir uma casa em todos os lugares que vou e essa é minha vantagem. Mesmo quando estou na Austrália, surfando contra australianos, me sinto confiante e confortável. É duro surfar contra o melhor cara de um pico em particular, digamos Mick Fanning, Parko ou Dean Morrison em Snapper, e se você os vence, é um estímulo enorme.

46
Você é um homem do último minuto? Você fica ansioso quando se aproximam os últimos minutos?

Definitivamente tem havido um padrão na minha carreira de dar uma virada no final de baterias, campeonatos e anos. Fiz isso muito mais no começo da minha carreira e, à medida que fui ficando mais velho, tornou-se mais confortável controlar a bateria desde o começo. Mas no princípio eu dependia mais de um método nocaute no final da bateria do que de rodadas vencedoras desde o começo. Talvez fique um pouco nervoso perto do final de uma bateria se estou atrás, mas normalmente processo tudo razoavelmente bem e me coloco numa posição onde posso fazer o que preciso para vencer.

47
Você ainda comete erros em baterias?

Totalmente. Em 2003, surfando contra Phil McDonald, no Quik-silver Pro França, ele precisava de um 7,8 ou algo assim. Cinco minutos faltando na semifinal, eu tinha a prioridade e estava sentado mais perto do rabo. Uma onda veio e não parecia muito boa, então eu desisti e deixei ele entrar lá de trás. Possivelmente eu poderia argumentar que aquela onda me custou o título mundial naquele ano. Posso encontrar algum tipo de erro por trás de praticamente todas as baterias que perdi neste ano (em 2007) e provavelmente isso é uma verdade que serve para quase todo mundo. Em uma competição, quem comete menos erros vence com maior frequência. É claro, você sempre pode cometer erros e surfar mais que alguém para vencer, ou não cometer nenhum erro e surfarem melhor que você também.

48
No surfe, quanto é físico e quanto é mental?

Para mim, o exemplo clássico seria Nathan Hedges derrotando Andy Irons no Brasil em 2005, o que me deu o título mundial número sete. Hedgy foi para água com um plano definido e não se afastou dele. Acho que nunca vi ninguém tão focado em um plano para vencer uma bateria. Ele a dominou e acredito que quase qualquer um que surfasse contra o Andy naquela bateria seria expelido da água.

49
Ele fez isso por você ou por ele mesmo?

Acredito que ele fez por nós dois. Hedgy e eu temos uma amizade interessante e, em algumas oca-siões, quase uma irmandade, na qual eu senti que ele realmente queria me mostrar algo. Pode ser que queria me expulsar da água ou me fazer um favor, de qualquer modo é a mesma coisa. Ele me venceu em J-Bay em 2004 de maneira limpa e clara, e talvez ele estivesse completando algo no Brasil.

50
Quanto do seu surfe é por diversão e quanto é treino?

Minha vida é muito corrida, estou fazendo muitas coisas, viajo muito e não gasto tantas horas na água como costumava fazer. Muito deste tempo na água é para sessões de fotos ou me preparando para um evento. Infelizmente, apenas uma pequena parte desse tempo é por pura curtição sem nada disso. Gosto de pensar que surfo mais por curtição do que por preparação e tenho sorte de poder ir surfar e me divertir ao mesmo tempo que estou trabalhando.

51
Às vezes você se concentra em apenas uma manobra quando está surfando?

Já fiz isso, mas fico com uma espécie de distúrbio de *deficit* de atenção. Ocasionalmente, se as ondas estão se repetindo o suficiente, me concentro num aéreo, numa rasgada ou em algo. Em Pipeline, no treinamento me concentro em entubar, uma vez atrás da outra, mas com diferentes linhas de entrada na onda.

52

Você surfa melhor livremente ou em baterias?

Acredito que fiz meu melhor surfe em baterias. Minha tendência é chegar ao meu melhor num ambiente de campeonato.

53

Qual é a manobra mais radical que você já fez sem que ninguém tenha visto?

Provavelmente *rodeo clowns*, aéreos que nunca completei num filme ainda.

54

Ainda há momentos em que você se surpreende com seu surfe?

Hummm, eu me surpreendo de um modo negativo às vezes. Vou passar por uma seção, caio e penso, quantas vezes já fiz isso do jeito certo? Às vezes não entendo como não corrijo um erro antes que ele ocorra. Isso acontece mais do que me surpreender com algo que eu faça. Existem ocasiões, é claro, em que tenho a sensação de ter feito algo que eu não esperava fazer, mas ao mesmo tempo, se está tentando, espera que em um determinado momento você faça.

55

Qual manobra dá a você mais satisfação?

Provavelmente um tubo grande.

56

Como seu crescimento pessoal afetou sua performance?

Em poucas palavras, acredito que quanto mais receptivo você estiver para mudar, vai tornar-se melhor em tudo na vida – sendo um melhor amigo, você vai ser um melhor parceiro. Quanto mais você puder abrir sua mente e se livrar dos filtros que você tem entre informação e pensamento, melhor vai ser sua vida.

57

Quando você fica mais feliz?

Quando não tenho nada com que me preocupar, surfo até fritar meu cérebro o dia inteiro, tenho uma boa refeição, escuto música e falo sobre a vida com meus amigos num lugar confortável.

58

Quais foram as lições mais valiosas que você aprendeu na vida?

Ser honesto é a melhor política. Isso realmente é verdadeiro.

Quase todos nós, num determinado nível, negamos onde nos encontramos na vida. A realidade da sua situação normalmente não é a que você diz que é, e se você puder mudar isso e olhar para você honestamente, vai mudar sua vida de verdade.

59

Já pensou alguma vez no que seria a vida se você não fosse você?

Com frequência. Mas se eu não fosse eu, não saberia disso, saberia?

60

Quando você tiver mais filhos, vai encorajá-los a serem surfistas profissionais?

Acho que só vou encorajar meus filhos a fazerem aquilo que eles amam fazer. Tenho certeza de que, quando tiverem dois ou três anos, vou tentar colocá-los numa prancha e torcer para que eles adorem. Mas nunca, nem em um milhão de anos, forçaria meus filhos a fazerem algo só porque é o que eu faço.

61

Você quer se casar?

Sim.

62

O que você procura numa mulher?

Bondade. Um amigo e eu recentemente tivemos uma conversa sobre a mulher perfeita, e a conversa se concentrou num monte de coisas que tem que ser naturais, que você não pode realmente explicar. Mas uma coisa que ele me falou é que há uma qualidade que ninguém nunca fala de uma parceira – ela tem que ser legal. Pensei muito sobre isso desde então e acho que essa talvez seja a qualidade número-um. Mas também gostaria de ser desafiado por alguém.

63

Como você descreveria sua personalidade?

Às vezes me sinto como um ermitão e outras me sinto bem extrovertido. Quero experimentar a vida em todos os aspectos e há muitas coisas que estou apenas começando a aprender.

64

Qual você considera ser seu ponto fraco?

Deixar ser sugado de várias formas por várias oportunidades, sendo deslocado o tempo todo sem fincar raízes em nenhum lugar.

65
Tem alguma coisa que você realmente teme?
Ficar velho e não encontrar o amor.

66
Qual legado você espera deixar no surfe profissional?
Uma compreensão de que o surfe é a coisa mais divertida que você pode fazer na sua vida, mas não é vida. A vida é muito maior que o surfe.

67
Qual vai ser o próximo desafio para Kelly Slater?
Aceitar estar fora do *tour*.

68
Tem uma onda para a qual você sempre volta?
Pipeline, ou Superbank.

69
Existe algum estilo de vida que você gostaria de experimentar por um dia?
Sim, o de uma pessoa que vive na rua. Talvez alguém com aids, ou morrendo de fome na África, ou escravizada em algum lugar. Talvez alguém no seu último dia de vida. Estou pensando no estilo de vida menos glamoroso que você possa imaginar. É fácil pensar em experimentar um estilo de vida inacreditável de alguém em jatos privados indo a festas, mas acho que não aprenderia nada com isso.

70
Você teve pouquíssima cobertura negativa na imprensa provocada por você mesmo. Trata-se de um esforço consciente?
Você quer dizer que nunca me pegaram em uma das minhas virações de noites e dias consumindo drogas ou num vídeo sexual? Geralmente as escolhas das pessoas as perseguem, e acho que de modo geral fiz boas escolhas no que diz respeito a isso.

71
Você tem dificuldade em lidar com a mídia?
Viver sua vida na frente da mídia pode ser difícil. Não é fácil ter sua vida vigiada por pessoas que não conhecem você.

72
No seu caso, o escrutínio veio por causa de seus relacionamentos com mulheres glamorosas e famosas.

Isso faz parte da atração?
É fácil ficar fascinado por alguém que tem muitas coisas acontecendo em sua vida e você fica atraído por isso. Mas há um preço a ser pago quando sua vida é tão visada, é meio embaraçoso.

73
Você é tímido? Se amanhã você se apaixonar pela mulher mais famosa do mundo, vai fugir dela?
Penso que você sempre tem que dar um tempo para se livrar dos aspectos negativos de qualquer situação que você viveu previamente, mas se você se apaixonar, você se apaixonou. É muito simples.

74
Você se sente confortável sendo um exemplo de comportamento?
Acho que sim.

75
É difícil estar bem-humorado para o público o tempo todo?

É. Gosto de ser verdadeiro e a realidade é que você não está sempre de bom humor.

76
Você percebe pessoas agindo de maneira diferente em relação a você?

Sim, percebo, e quando sinto isso tendo a me distanciar dessa pessoa. Gosto que me tratem bem como qualquer pessoa faz, mas não de maneira diferente da que eles tratam outras pessoas.

77
Como a maioria dos fãs age ao seu redor?

Na maioria das vezes, bem. Às vezes exageram. Grosseiros, ocasionalmente.

78
Os fãs às vezes se tornam amigos?

Ah, absolutamente. Um dos meus melhores amigos começou como alguém que apenas acompanhava meu surfe e acabamos nos tornando bem próximos.

79
Não é difícil, às vezes, manter-se com os pés no chão e humilde?

Às vezes, talvez. Ter pessoas sabendo quem é você e muitas oportunidades não é uma boa razão para esquecer quem você é, apesar de tudo. Na verdade, é uma boa chance para dar um bom exemplo a alguém que irá lembrar disso.

80
O que você faz como treinamento?

Surfe de peito. Não faço muita coisa. Na verdade, estou entrando num período da minha vida em que vou colocar meu corpo na melhor forma possível por meio de dieta e treinamento. Estou determinado a fazer isso quando não estiver no *tour* em tempo integral. Fora isso, não treino muito, mas sempre imaginei como me sairia se estivesse absolutamente na minha melhor forma.

81
O que faz um surfista ser bom?

Alguém que seja inovador e faça coisas da sua própria maneira. Obviamente, você tem que possuir habilidade natural e uma compreensão de como o corpo se conecta com a prancha, e como traduzir seus pensamentos em linhas nas ondas. Você tem que ser capaz de ver o deslizar numa onda como uma performance do começo ao fim, e tem que fazer sentido para as pessoas que estão assistindo, mesmo que elas não saibam nada sobre surfe. Ou é isso, ou é alguém que esteja se divertindo.

82
Qual papel você sente que teve na história do surfe profissional?

Fui parte de uma transição do surfe da triquilha original para um surfe mais avançado. Tive sorte de nascer num momento-chave da história, indo das biquilhas para as triquilhas, e do surfe de rasgadas para o surfe aéreo. Espero ter ajudado ao longo do caminho.

83
Como o *tour* profissional pode ser melhorado?

A resposta curta é que tem gente demais no *tour*. Nós precisamos ter mais liberdade para fazer o evento nos dois ou três dias de ondulação, quando as ondas estão melhores. Também, se houver uma piscina de ondas muito boa, na qual pudéssemos fazer o que quisermos, pudéssemos controlar cada aspecto da onda num tempo marcado, com os melhores surfistas do mundo surfando, acredito que o surfe iria avançar muito mais rápido, como o *skate* avançou com as rampas e as pistas. Algumas das melhores ideias estão bem no limite, mas acho que com o surfe temos que realmente tomar a rota profissional e não usar muitas opções sem sentido no que diz respeito à competição. As pessoas querem ver o melhor do melhor. Os maiores rivais se enfrentando nas melhores ondas, cabeça a cabeça.

84
Qual direção o *design* de pranchas irá tomar no futuro?

Acho que as principais direções para as quais o *design* deve seguir serão a resistência, a reprodução e o desperdício. Nós somos uma indústria suja e estamos começando a acordar no que diz respeito a isso. Sou diretamente responsável por muita poluição ao usar mais de cem pranchas por ano. Não posso nem calcular o que isso esteja fazendo – os gases, a resina desperdiçada e onde tudo isso vai parar? Sobre o *design* das pranchas, acredito que vamos diminuir um pouco o tamanho delas em um futuro próximo. Tem um pouco de prancha demais atrapalhando ainda. Desenhos autorais feitos em computadores e destinados ao sujeito comum não estão fora de questão também.

85
Você compra créditos de carbono?

Compro, mas existem relatórios conflitantes quanto a sua eficácia. Vou comprá-los, eles funcionando ou não, por que talvez seja a coisa certa a fazer. Um estudo que saiu recentemente diz que os créditos de carbono não funcionam, exceto no caso

Boa sorte, Kelly!

de árvores que ficaram com a maior parte da água e cresceram mais rápido. Para mim, isso quer dizer que as árvores que cresceram mais devagar e absorveram menos água, na verdade, ajudaram de algum modo. Mas no final do dia é apenas uma simples questão de matemática – quanto mais árvores você plantar, melhor será a qualidade do ar. Não vejo porque você não deveria estar seguro a respeito disso e fazer sua parte. São tantas as diferentes visões sobre isso. Vamos apenas deixar de lado a preocupação se isso é verdadeiro ou falso e simplesmente fazer o que é razoável.

86
Se você acredita que os avanços virão em técnicas de fabricação em vez de *design*, isso quer dizer que as triquilhas ficarão conosco por mais trinta anos?

Acredito que a configuração com quatro quilhas terá um papel mais proeminente nos próximos anos. Agora está na moda, mas acredito que elas irão criar alguma fricção na indústria. Também acho que as *tow-boards* contribuíram para o avanço bem rápido do *design* em geral. Elas nos mostraram em termos práticos o que era apenas uma teoria – que você não precisa de uma prancha grande para surfar uma onda grande, você precisa de menos curvatura e um contorno mais reto. Você pode surfar com uma 5'6" na maior onda que você já viu se for desenhada corretamente. Pode ter também uma rabeta bem larga. Há vários elementos do *design* que estão vindo do *tow surfing*. Pranchas podem ficar menores de novo e definitivamente se tornarão mais resistentes e as características de flexibilidade também serão mais padronizadas.

Mesmo que o surfista mediano do *tour* não saiba muito sobre design de pranchas, acredito que todos nós precisamos nos envolver mais com o *design*, para "shapear" mais frequentemente. Muitos dos meus amigos no *tour* estavam realmente muito entediados com suas pranchas. Rob era um que não estava, mas ele gostava de experimentar monoquilhas e toda aquela viagem sobre a forma relaxada de surfar da velha escola. Shane Dorian pegava uma prancha nova e dizia, "Não sei muito sobre ela, mas é solta e fica bem vertical no olho da onda!". E eu ficava pensando, "Mas por quê?". Quais são as características fundamentais do *design* que criam isso? Acho que com as máquinas de "shapear" e outros avanços, possamos talvez estar nos dirigindo para uma prancha que você possa na verdade mudar. Como se você pudesse aumentar a cavidade no fundo, afinar um pouco a borda ou diminuir a flexibilidade. A prancha mutável provavelmente vai acontecer.

87

Quanto você põe a mão na massa na sala de *shape*?

Muitas vezes. Ocasionalmente dou uma passada de plaina. Geralmente estou lá olhando sobre os ombros do Al Merrick. Outro dia entrei e fizemos uma prancha que talvez não funcionasse de jeito nenhum. Eu a chamei de Control Freak e é baseada nas ideias de Cheyne Horan sobre controle, que diziam que ele vem da curva na rabeta. A rabeta mais larga permitiria a você um maior controle sobre a capacidade de manobrar. Era tudo questão de a força estar entre os pés, o que era o oposto do surfe de Tom Carroll, que era sobre surfar com força a partir da rabeta, com o ponto mais largo à frente. Quando saí do *tour*, tentei seguir na direção do Tom, com o ponto mais largo à frente, mas simplesmente não funcionou para mim. Então nós fomos e fizemos um *shape* em forma de lágrima com uma rabeta larga e nariz estreito. É um *shape* em que a função cria a forma, o que é mais ou menos a maneira como o Al e eu trabalhamos desde o primeiro dia. Temos um entendimento muito bom das ideias um do outro, eu acho.

88

Após tantas pranchas durante tantos anos, tem uma ou mais pranchas, que eram verdadeiramente mágicas?

Tive um número de pranchas mágicas. Parece que a cada dois anos ou por aí eu acabava tendo uma. Elas não foram todas de Al, mas mais da metade foram. Também tive pranchas mágicas de Maurice Cole e Simon Anderson. Maurice é um *designer* bem radical e, com frequência, elas não funcionavam para mim, mas quando funcionavam, eram muito boas. A abordagem de Simon é mais consistente. Ele não foge muito de seu entendimento básico de uma boa prancha. A prancha não faz tudo bem, mas rasga a face da onda da mesma maneira que Simon. Acho incrível que alguém que é tão bom surfista quanto Simon seja também um grande *shaper*. Al é o mestre da fluidez e da hidrodinâmica, de traduzir um sentimento para a prancha. Posso falar para ele onde quero ir na onda e ele vai fazer a prancha para que isso seja feito.

191

Crédito das Fotos

Copyright © Scott Aichner
  páginas 84–85
Copyright © Brian Bielmann
  páginas 46–47
Copyright © Art Brewer
  páginas 40–41, 147
Copyright © Rob Brown
  página 42
Copyright © Covered Images
  página 110
Copyright © Sean Davey
  páginas 38–39, 51, 52–53, 54–55, 56–57, 69, 98–99, 116, 117, 140–141
Copyright © Jeff Divine
  páginas 41, 43, 44, 60–61, 161
Copyright © Rick Doyle
  páginas 64, 65
Copyright © Tom Dugan
  páginas 24–25, 32–33
Copyright © Jack English
  páginas 124–125, 189
Copyright © Jeff Flindt
  páginas 122–123, 126–127
Copyright © Pete Freiden
  páginas 118–119
Copyright © Bruce Gilbert
  páginas 75, 93, 100, 101, 103, 108, 120, 121, 123, 133, 134, 138–139, 142, 145, 156–157
Copyright © Leroy Grannis
  página 167
Copyright © Jeff Hornbaker
  páginas 1, 4–5, 10, 16–17, 89, 90, 91, 104, 105, 112–113, 115, 148–149, 150–151
Copyright © Dustin Humphrey
  front cover, página 7
Copyright © Timo Jarvinen
  páginas 48–49
Copyright © Joli páginas 12, 58–59, 70, 87, 95, 133, 136–137, 152–153, 174–175
Copyright © Chris Jordan
  página 143
Copyright © Dan Merkel
  página 168
Copyright © Dick Meseroll
  páginas 20–21, 28, 29, 35
Copyright © Greg Nagel
  back cover
Copyright © Scott Needham
  páginas 18–19, 22–23
Copyright © Maurice Rebeix
  página 184
Copyright © Vava Ribeiro
  páginas 96–97
Copyright © Steve Robertson
  páginas 71, 72–73, 74–75, 81
Copyright © Tom Servais
  páginas 2–3, 15, 34, 36–37, 66–67, 79, 106–107, 111, 113, 119, 130, 131, 142, 154–155, 163, 164, 169, 172–173, 176–177
Copyright © Steve Sherman
  páginas 82–83, 135, 159, 76–77, 78
Copyright © Nathan Smith
  páginas 30–31
Copyright © Surf World Ireland
  página 120
Copyright © Eddie Vedder
  páginas 98–99
Copyright © Bruce Weber
  página 94

192

Santa Barbara, 2008.